3-FACHE EIWEISSPOWER

Mit allen wichtigen Eiweiß-Basics und insgesamt über 120 gesunden und leckeren Rezepten für dein Ziel.

EIWEISS
Das gesunde Ernährungskonzept
Eiweiß-Fakten für eine gesunde Ernährung und über 40 leckere Rezepte

EIWEISS
Das gesunde Abnehmkonzept
In 10 Wochen 10 Kilo Fett weg.
Mit 7 Regeln und über 40 Rezepten

EIWEISS
Das gesunde Fitnesskonzept
Eiweiß-Basics für Sportlerherzen und über 40 starke Rezepte

EIWEISS

DAS GESUNDE ABNEHMKONZEPT

**IN 10 WOCHEN
10 KILO FETT WEG.
MIT 7 REGELN UND
ÜBER 40 REZEPTEN**

Jan Göktekin

Pumperl gsund

EIWEISS – DAS GESUNDE ABNEHMKONZEPT

DER FITNESS-PAPST EMPFIEHLT

VORWORT

„EIWEISS FÜR DEN TURBOSTOFFWECHSEL“

„Proteine sind der beste Aktivator des Stoffwechsels, weil sie nicht nur der wichtigste Baustoff für unsere Muskeln sind, sondern den Körper bei ihrer Verwertung auch viel Energie kosten – und das hilft natürlich auch beim Abnehmen.“

Univ.-Prof. Dr. Ingo Froböse
Geboren 1957 in Unna, Sportstudium (Diplom) an der Deutschen Sporthochschule Köln, Promotion 1986, Habilitation 1993, Hochschulprofessor seit 1995.

FORMEL PROF. DR. FROBÖSE
Empfehlenswert

SO FING ALLES AN

Vor 4 Jahren schaute ich in den Spiegel und dachte: „Hmm, irgendwie steckt doch mehr in mir als mein Körper gerade hergibt." Plauze, Fettpölsterchen und Doppelkinn. Tadaaa – das war ich.

Ich recherchierte, wie man Körperfett am schnellsten verbrennen kann, ohne dass die Muskeln schrumpfen. Der beste Weg: Viel Eiweiß, wenig Kohlenhydrate, ausreichend Fett und ein wenig Sport. Und tatsächlich: Nach 2 Wochen bekam ich den Hosenknopf wieder zu, nach 4 Wochen musste ich den Gürtel enger schnallen, nach 7 Wochen sprach mich mein Umfeld darauf an, und nach 10 Wochen war es geschafft: 10 Kilo Fett weg. Yesss!

Aus dem Projekt „eiweißreich ernähren" wurde eine Mission, und heute, 4 Jahre später, steht unsere Food-Marke Pumperlgsund mit dem aus unserer Sicht besten Eiweiß: Good Eggwhites, Bio-Eiweiß vom Hühner-Ei aus der Flasche. Es zaubert aus jeder Mahlzeit eine Eiweißmahlzeit, die nicht nur gesund ist, sondern auch richtig lecker schmeckt.
Um das Produkt auf die Probe zu stellen, haben wir mit 10 Münchnern in der Pumperlgsund-10-Wochen Challenge getestet, ob sie ihr Fett wegbekommen. Hier erklären Fabian – mein Gründungspartner – und ich, wie auch du gesund Fett reduzieren kannst.

Jan Göktekin

VON LINKS:

Jan Göktekin
Gründer und Geschäftsführer der Pumperlgsund GmbH

Fabian König
Gründer und Geschäftsführer der Pumperlgsund GmbH

DAS KONZEPT

GESUND ABNEHMEN

UNSERE 6 VERSPRECHEN

KAPITEL 1

GESUND UND NATÜRLICH

Abnehmen um jeden Preis? Nicht mit uns. Nur, wenn der Körper ausreichend mit allen essenziellen Makro- und Mikronährstoffen wie Eiweiß, Fett, Wasser, Vitaminen und Mineralien versorgt ist, ist das Vorhaben „Abnehmen" auch gesund. Wir erklären dir, wie du deinen Grundenergiebedarf nicht unterschreitest, dein Stoffwechsel aktiv bleibt und du das Risiko des Jo-Jo-Effekts minimierst.

GOOD-TO-KNOW
Der Körper kann Kohlenhydrate selbst herstellen, Eiweiß und Fett aber nicht. Deshalb müssen Eiweiß und Fett über die Nahrung aufgenommen werden.

LECKER ESSEN KÖNNEN

Essen ohne Reue geht nicht? Doch, das geht: Burger, Wraps, Kuchen und weitere Leckereien findest du im Rezeptteil. All diese Rezepte enthalten gesunde, aber kalorienarme Zutaten und gleichzeitig viel Eiweiß. So kannst du mit Genuss essen, ohne zuzunehmen und hast on top eine echte Alternative zu den herkömmlichen Industrie-Dickmachern. Unser Tipp: die Pizza oder das Tiramisu im Rezeptteil. Wirklich sehr, sehr lecker. Sie sind die Favoriten im Pumperlgsund-Büro!

Erlaubt: Unsere Low-Carb-Pizza auf S. 114

RICHTIG SATT WERDEN

„Hunger ist schlimmer als Heimweh." We know ... Und deswegen ist Abnehmen mit eiweißreichen Lebensmitteln sinnvoll. Denn: Sobald du Eiweiß isst, bildet dein Organismus den körpereigenen Eiweißstoff Peptid YY, welches dem Gehirn signalisiert, dass der Magen voll ist. Das Sättigungsgefühl hilft ungemein beim Abnehmen.

In all unseren Rezepten findest du die Menge an Eiweiß pro Portion. Das ist zugleich ein Indikator, wie satt dich das Rezept machen wird.

BIS ZU 10 KILO IN 10 WOCHEN

Und das können wir beweisen! Ab der nächsten Seite findest du die Erfahrungsberichte unserer 10 Challenge-Teilnehmer, die 10 Wochen lang unsere Regeln und Rezepte getestet haben. Alle haben tolle Ergebnisse erzielt und viele unnötige Kilo Fett verloren. Zugegeben: Um die 9 kg Fettreduktion zu erreichen, muss auch Sport auf dem Plan stehen. Aber hey, warum nicht? Ein paar Challenger haben das auch geschafft. Und wenn sie das können, kannst du das auch!

9 KG

... Fett weg in 10 Wochen! Klingt viel? Ist es auch. Mit unseren Regeln klappt's auch bei dir.

STARKE MUSKELN

Alle Rezepte versorgen dich mit der vollen Pulle Eiweiß. Und diese Extra-Portion Eiweiß sättigt dich nicht nur hervorragend, sondern erhält und stärkt auch deine Muskeln. In Verbindung mit Sport kannst du sogar Muskelmasse oben draufpacken, selbst dann, wenn du Fett reduzierst. Aus diesem Grund ist die Körperwaage nicht geeignet, um deinen Abnehmerfolg zu messen. Auch das Wort „abnehmen" trifft es nicht auf den Punkt, denn Muskeln wiegen mehr als Fett. Und unser Ziel ist doch: Fett runter, Muskeln rauf!

KEIN JO-JO-EFFEKT

Kohlsuppen und Abnehm-Shakes als Mahlzeitenersatz? Da ist der Jo-Jo-Effekt vorprogrammiert. Mit unseren leckeren Rezepten kannst du ohne Reue und ohne zuzunehmen genießen. Warum dann noch massenweise herkömmliche Dickmacher essen, wenn unsere Alternativen mindestens genauso lecker sind? Und damit du dich zukünftig auch außer Haus pumperlgsund ernähren kannst, arbeiten wir auch schon fleißig an einem Restaurant-Konzept. Das wird aber noch 1–2 Jahre dauern.

GOOD-TO-KNOW Grund für den Jo-Jo-Effekt sind häufig der Verlust von Muskelmasse und der eingeschlafene Stoffwechsel. Viel Eiweiß hilft, dem vorzubeugen!

DER BEWEIS: DIE 10-WOCHEN-CHALLENGE

KAPITEL 2

DER STARTSCHUSS

Wer lässt in 10 Wochen das meiste Fett schmelzen?

Mit dieser Frage starteten wir Ende 2015 die große Fett-weg-Challenge bei uns in München. Zehn Münchnerinnen und Münchner haben unsere ersten Eiweiß-Rezepte, unser Produkt Good Eggwhites und das Abnehmkonzept getestet, bevor wir mit unserem Start-up den Verkaufsstart im März 2016 eingeläutet haben.

Aber schau selbst: Die Vorher-nachher-Fotos zeigen wir dir auf den nächsten Seiten. Auf den Fotos wurde nichts retuschiert. Zwischen den beiden Aufnahmen lagen exakt 10 Wochen. Keiner der Challenge-Teilnehmer hat für die Fotos irgendwelche Tricks angewendet: Es wurden weder Entwässerungstabletten oder Appetitzügler geschluckt, noch wurden Diätpulver & Co. konsumiert.

Alle gezeigten Fotos und Daten sind real und unbearbeitet. Hier wurde echtes Fett verbrannt. Ehrenwort!

DIE 10 TEILNEHMER: VORHER & NACHHER

Tschüss Fett, hallo Muskeln!

Magda (29), Motion & Graphic Designer

„Mein Verhältnis zum Essen hat sich durch die 10-Wochen-Challenge positiv verändert. Ich habe das Essen nicht mehr als Feind betrachtet. Mir ging es so gut! Erst wurde mein Gesicht schmaler, dann wurden die Arme schlanker. Anschließend waren Bauch und Beine an der Reihe. Obwohl das primäre Ziel die Fettreduktion war, habe ich nebenbei merklich Muskeln aufgebaut. Ich halte auch zwei Jahre nach der Challenge noch das Gewicht!"

FETT: -9,36 KG

Gewicht: -7,5 kg | Umfang: -32 cm

Ben (39), Versicherungsfachangestellter

„Ich habe 10 kg abgenommen. Und das in der Vorweihnachtszeit und ohne das Gefühl der ständigen Entbehrung. Ich musste nicht hungern, bloß meine Ernährung verändern. Die Tipps und Regeln haben mir geholfen durchzuhalten. Es war schön, eine Struktur an der Hand zu haben. Heute fühle ich mich gesünder und energiegeladener als in den Jahren zuvor. Ich freue mich jeden Tag über diesen Erfolg!"

FETT: -7,52 KG

Gewicht: -9,6 kg | Umfang: -47 cm

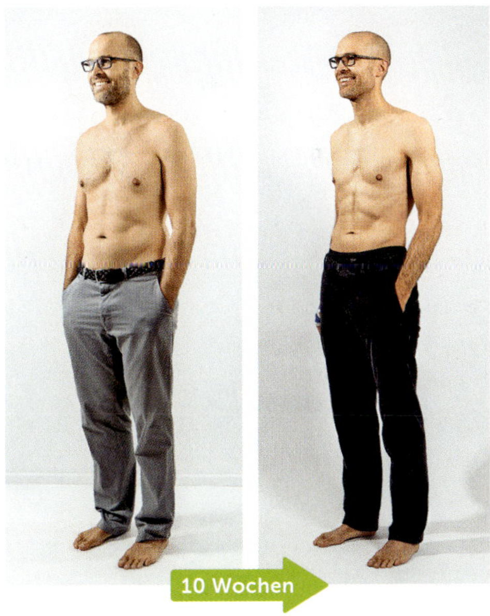

Marianne (35), Executive Assistant

„Ich fühle mich jetzt aufgeklärter denn je. Ich esse viel weniger Zucker als vorher und betrachte vermeintlich gesunde Lebensmittel kritischer. Während der 10-Wochen-Challenge habe ich die Gewichtsreduktion nicht nur am Bauch, sondern auch am Hals bemerkt. Ich bin hauptsächlich gelaufen und habe nach relativ kurzer Zeit meine ersten 10 Kilometer geschafft. Letztes Jahr habe ich sogar einen Marathon gemeistert. Das war schon was!"

FETT: -7,5 KG

Gewicht: -7,0 kg | Umfang: -32 cm

Jan (39), Gründer

„Kurzerhand habe ich entschieden: Ich mache mit! Die Gelegenheit wollte ich mir nicht entgehen lassen, unser Konzept auf Herz und Nieren zu prüfen. Mit tollen Leuten und einem wunderbaren Team-Spirit hat die Challenge richtig Spaß gemacht. Natürlich war bei mir ein gewisser Ehrgeiz vorhanden, das meiste Fett zu verbrennen. Den Pokal musste ich allerdings Magda überlassen. Sonja wurde Siegerin des schönsten Resultats."

FETT: -9,1 KG

Gewicht: -6,5 kg | Umfang: -29 cm

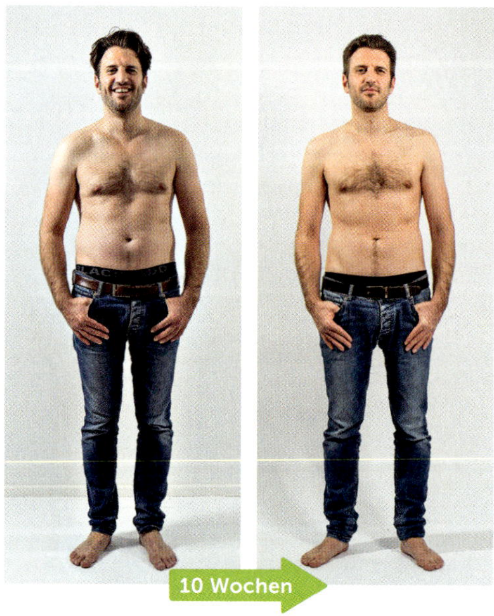

Sonja (28), Yoga-Lehrerin & Ergotherapeutin

„Meine primären Problemzonen vor der 10-Wochen-Challenge waren Oberschenkel, Po und Bauch. Nach vielen Versuchen durch Diäten und unterschiedliche Ernährungsweisen abzunehmen, habe ich es endlich geschafft! Durch die sichtbaren Erfolge fühle ich mich jetzt pudelwohl in meinem Körper. Die Challenge war ein großes Geschenk, und ich kann es jedem empfehlen!"

FETT: -5,4 KG

Gewicht: -6,2 kg | Umfang: -48 cm

Simon (33), Eventmanager

„Das Pumperlgsund-Team hat mir gezeigt, wie ich durch die Kombination von gesunder Ernährung und einer guten Portion Sport meine persönlichen Ziele erreichen kann. Ich bin erfolgreicher Teilnehmer der 10-Wochen-Challenge und stolz auf meine Ergebnisse. Die Veränderungen sind sichtbar und spürbar. Top Produkte, top Rezepte und top Team. Vielen Dank!"

FETT: -6,8 KG

Gewicht: -4,2 kg | Umfang: -20 cm

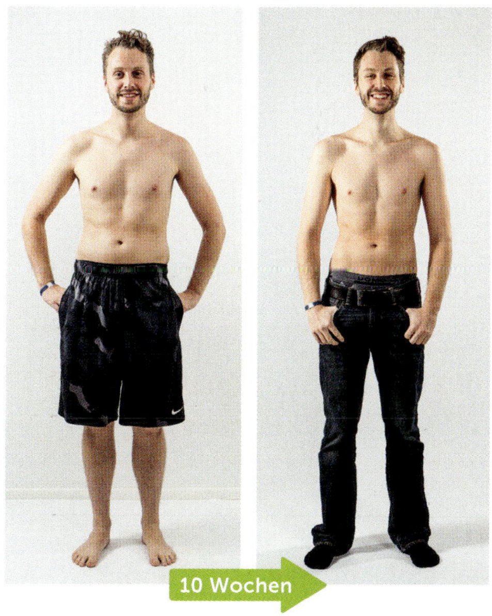

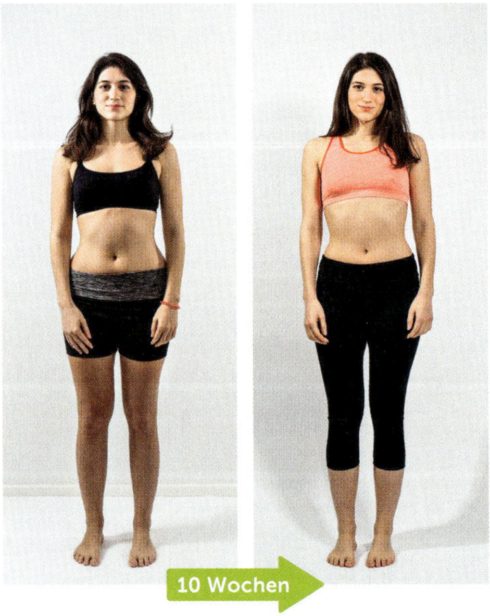

Asimina (24), Medizinstudentin
„Ich hatte schon vor der 10-Wochen-Challenge ein normales Gewicht, wollte aber etwas definierter und knackiger werden: etwas weniger Fett und etwas mehr Muskeln. Während meiner Prüfungsphase ist es mir nicht leicht gefallen, immer alle Regeln zu 100% umzusetzen. Ich habe aber mein Bestes gegeben, und den Ergebnissen zufolge habe ich wohl viel richtig gemacht. Am meisten hat mich motiviert, dass mir die gesunde Ernährung gut getan hat!"

FETT: -3,7 KG
Gewicht: -2,8 kg | Umfang: -12 cm

Philipp (31), Versicherungskaufmann
„Bei mir persönlich steht und fällt alles mit einem Plan – egal ob beim Essen, Sport oder bei so manchen anderen Dingen. Auch bei der 10-Wochen-Challenge haben mir die strukturierten Regeln sehr geholfen und meine Disziplin gefördert. Durch den regelmäßigen Sport und die ausgewogene Ernährung war ich nicht mehr so müde, und ich habe mich erstaunlich gut gefühlt. Ich war plötzlich viel aktiver, positiver und energiegeladener."

FETT: -5,4 KG
Gewicht: -7,7 kg | Umfang: -31 cm

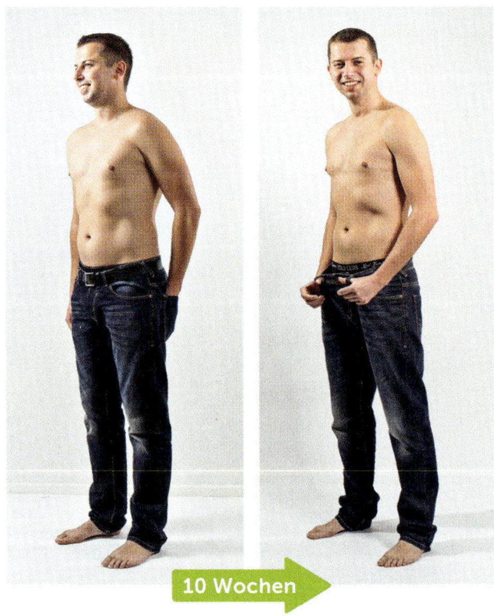

Lucia (36), Lingeristin und Mama

„Nach zwei Schwangerschaften wollte ich einfach wieder meine frühere Figur zurück. Die Ergebnisse der 10-Wochen-Challenge waren spitze. Ich fühlte, wie ich von Tag zu Tag fitter wurde und wie positiv sich mein Körper veränderte. Mein Bauch wurde schlanker und meine Beine straffer. Psychisch ging es mir sehr gut, ich hatte Spaß an der Ernährungsumstellung. Ich bin viel gelaufen und war am Ende der Challenge eine richtig leidenschaftliche Läuferin."

FETT: -2,9 KG

Gewicht: -4,0 kg | Umfang: -38 cm

Julia (31), Fotografin

„Ich bin im Grunde schlank, aber mein Hüftgold ist einfach hartnäckig. Hand aufs Herz, wir alle wollen eine Bikinifigur, oder? Insgesamt wurde mein gesamter Körper straffer und definierter. Die Kombination aus Sport und Ernährungsumstellung bringt es einfach. Durch den vielen Sport ging es mir psychisch sehr gut. Ich habe sehr viel aus der Challenge mitgenommen, bin besser informiert und weiß, was mein Körper braucht und wie ich es ihm geben kann."

FETT: -5,7 KG

Gewicht: -3,0 kg | Umfang: -35 cm

DIE 10-WOCHEN-CHALLENGE IM ÜBERBLICK

ABLAUF

- Die Challenge fand von Oktober bis Dezember 2015 statt.
- Vor und nach der Challenge wurden die Teilnehmer von Dr. Karlheinz Zeilberger medizinisch untersucht.
- Während der Challenge wurden die Challenger vom Ernährungscoach Hanna Hartmann und den Pumperlgsund-Gründern Jan Göktekin und Fabian König betreut.

WÖCHENTLICHE TREFFEN UND MESSUNGEN

- Die Fettmessungen wurden mit der 7-Punkt-Caliper-Hautfalten-Methode durchgeführt.
- Beim Gesamtkörperumfang wurden Hals, Brust, Unterbrust (nur bei Frauen), Taille, Hüfte und Oberschenkel mit einem Maßband gemessen und aufsummiert.
- Das Gewicht haben wir mit der Personenwaage Omron Karada Scan (BF511) in kg gemessen.

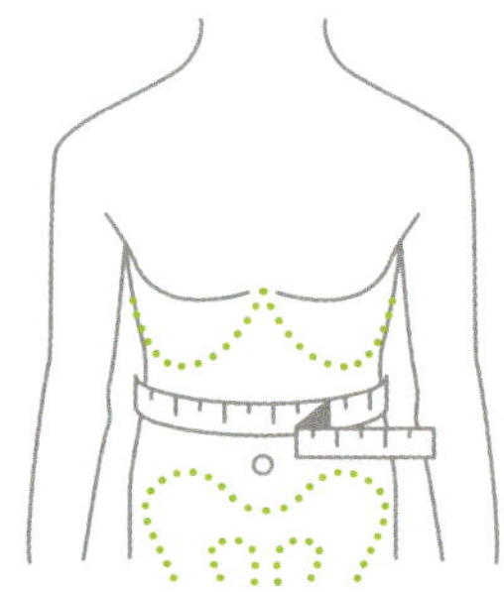

Als gesundheitlich unbedenklich gilt ein Taillenumfang < 94 cm bei Männern und < 80 cm bei Frauen.

MESSUNGEN VOR UND NACH DER 10-WOCHEN-CHALLENGE

- Von jedem Teilnehmer wurde das große Blutbild vor und nach der Challenge bestimmt und von Herrn Dr. Karlheinz Zeilberger ausgewertet.
- Zusätzlich haben einige Teilnehmer Laktat-Leistungstests machen lassen.
- Zu Kontrollzwecken wurden zusätzliche bioelektrische Impedanz-Analysen vom Health Coach Franz Wohlschlögl aus München durchgeführt.

ÄRZTLICHE BEGLEITUNG: DR. KARLHEINZ ZEILBERGER

„Als begleitender Arzt der Pumperlgsund-Challenge bestätige ich, dass die 10 Teilnehmer gesund und ohne Nebenwirkungen ihr Körperfett reduziert haben. Die natürlichen Eiweiß-Rezepte mit Bio-Eiklar von Pumperlgsund eignen sich ideal zum gesunden Abnehmen. Jedes Gericht enthält hochwertiges Eiweiß, das essenziell für eine ausgewogene Ernährung ist. Die Rezepte sind – in Verbindung mit Sport – eine ideale Voraussetzung für den Abnehmerfolg."

Dr. med. Karlheinz Zeilberger
Facharzt für Innere Medizin, Sportmedizin, 1988 – 2006
Verbandsarzt Eisschnelllauf, Olympiaarzt 1998, 2002, 2006

FETT WEG, ABER GESUND: DIE 5+2 REGELN

KAPITEL 3

In diesem Kapitel findest du die wichtigsten Regeln, an die sich unsere Münchner Challenger 10 Wochen lang gehalten haben, um so ihre gezeigten Ergebnisse effektiv und gesund zu erzielen.

VIEL EIWEISS ESSEN

REGEL NR. 1

Gesund und eiweißreich sind:

Fisch, Fleisch, Meeresfrüchte, Tofu, Seitan, körniger Frischkäse, Magerquark, Good Eggwhites und Hülsenfrüchte.

Die Gründe liegen auf der Hand:

- Eiweiß sättigt besser und sorgt für eine geringere Kalorienaufnahme.
- Stabilere Blutzuckerwerte verhindern Heißhungerattacken.
- Effektiverer Fettabbau bei gleichzeitigem Muskelschutz.
- Aufwendige Auf- und Umbauprozesse der Eiweiße erhöhen den Kalorienverbrauch.

Wie du aus eiweißreichen Zutaten eine leckere Mahlzeit machst? Ab Seite 42 gibt's richtig gute Rezepte mit extra viel Eiweiß.

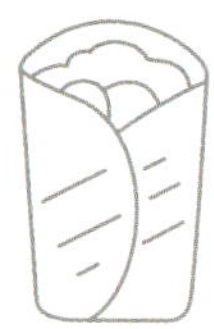

UNSER TIPP Wenn's schnell gehen muss: der Wrap mit Ziegenkäse auf Seite 84. Sehr lecker und in 8 Min. fertig.

EXKURS: ZU VIEL EIWEISS GEHT (FAST) GAR NICHT!

Hartnäckig halten sich die Gerüchte, dass zu viel Eiweiß ungesund sei. Das ist schlicht und ergreifend nicht richtig. Die Europäische Behörde für Lebensmittelsicherheit erklärt, dass bis zu 250 g Eiweiß am Tag von einem gesunden Erwachsenen ohne Probleme aufgenommen und verdaut werden können.

250 g Eiweiß entsprechen ca. 4,5 Flaschen Good Eggwhites, 7 Liter Milch oder 1,2 kg magerem Fleisch. Die Beispiele verdeutlichen, dass man kaum Gefahr läuft, zu viel Eiweiß zu konsumieren.

Führende Ernährungswissenschaftler empfehlen zum Abnehmen 1,2 g Eiweiß pro kg Körpergewicht. Das entspricht 96 g Eiweiß für einen 80 kg schweren Erwachsenen. Für Senioren liegt die Empfehlung bei bis zu 1,5 g Eiweiß pro kg Körpergewicht, und Sporttreibende sollen mindestens 1,2–2,0 g Eiweiß pro kg Körpergewicht konsumieren.

Dass deutsche Ernährungsgesellschaften derzeit (!) nur 0,8 g pro kg Körpergewicht für Erwachsene empfehlen, hat folgenden Grund: 0,8 g wird als „ausreichend" empfunden und kann mit der Schulnote 4 bewertet werden. Aber wer gibt sich mit einer 4 zufrieden, wenn es um die Gesundheit geht? Also wir nicht!

Gute Eiweißquelle: Magerquark mit 12 g Eiweiß pro 100 g.

LOW CARB

Mindestens 5 Handvoll Gemüse und 2 Handvoll Obst pro Tag sind Pflicht für die gesunde Fettreduktion. So bekommst du alle Nährstoffe, die dein Stoffwechsel benötigt, um lebensnotwendige Prozesse aufrechtzuerhalten und Krankheiten vorzubeugen. Du möchtest ja gesund Fett reduzieren und nicht rumkränkeln oder bettlägerig werden, oder?

Während der Fettreduktionsphase empfehlen wir dir folgende Lebensmittel zu streichen: Brot, Reis, Müsli, Nudeln, Kartoffeln, paniertes Fleisch oder panierten Fisch, Kroketten, Kuchen, Gebäck, Süßigkeiten und sämtliche weitere Fertigprodukte, die Kohlenhydrate enthalten. Ausnahme: die Rezepte aus diesem Buch.

WICHTIG Die im Vergleich zu Weißmehlprodukten gesünderen Vollkornprodukte sind für eine Fettreduktion ebenfalls nicht zu empfehlen: Sie enthalten ebenso Kohlenhydrate und blockieren den Fettstoffwechsel. Und genau den wollen wir ja ankurbeln!

DIE AUSNAHME

Low Carb heißt nicht No Carb. Deshalb sind zum Frühstück die guten komplexen Kohlenhydrate, aber OHNE zugesetzten Zucker, in Ordnung. Ein selbst gemachtes Protein-Porridge mit frischem Obst und Nüssen (keine fertig gemixten Müslis!) ist vollkommen okay, um dir einen Energie-Schub für den Tag zu geben. Weitere Ideen für Kohlenhydrat-Gerichte, die auf der grünen Liste stehen, findest du im Rezeptteil, gekennzeichnet als Good-Carb-Rezepte.

REGEL NR.

2

Für Obst gilt: Nicht mehr als 2 Handvoll pro Tag, aber auch nicht weniger. Denn auch wenn Obst Fruchtzucker enthält, brauchen wir die Vitamine, um gesund zu bleiben.

GESUNDE FETTE

REGEL NR. 3

Fisch, Nüsse, Avocados, Oliven und pflanzliche Öle wie Nussöle, Olivenöl und Rapsöl enthalten ungesättigte Fettsäuren und sind ein Muss für eine gesunde Fettreduktion. Denn Fett macht per se nicht fett, sondern hilft bei der Fettverbrennung.

Denn: Fette sind Booster für den Stoffwechsel, wichtig für die Hormonproduktion und somit unabdingbar für den Muskelaufbau und -erhalt und die Fettverbrennung. Zudem enthalten ungesättigte Fettsäuren essenzielle (lebensnotwendige) Nährstoffe, die dein Körper selbst nicht herstellen kann, aber dringend benötigt.

Gute Eiweißquelle:
Nüsse punkten mit bis zu 24 g Eiweiß pro 100 g.

Lediglich in Verbindung mit Kohlenhydraten oder in Form von Transfetten, wie sie in Fertiggerichten, Chips, Pommes, Croissants, Backwaren, Frühlingsrollen und anderen frittierten Gerichten vorkommen, können Fette als Körperfett ansetzen. Daher: Gesunde Fette ja, aber nicht in Verbindung mit Kohlenhydraten.

KALORIENFREI TRINKEN

REGEL NR. 4

Mindestens 2 Liter Wasser pro Tag trinken. Besser 3 Liter. Ganz besonders an heißen Tagen und an Sporttagen. Auch gut: Tee, schwarzer Kaffee und Gemüse-Smoothies.

Auf der schwarzen Liste stehen: Alkohol, Limonaden, Light-Getränke, Schorlen, Säfte und gepresste Obst-Smoothies. Auch frisch gepresste Säfte sind tabu, weil sie viel Zucker in Form von Fruktose enthalten.

UND NOCH EINE GELIEBTE AUSNAHME:
Gelegentlich kannst du zu einem alkoholfreien Bier oder zu einer Weinschorle greifen. Aber Vorsicht: Mehr als eine Flasche alkfreies Bier oder ein Glas Weinschorle sollte es auch in der Ausnahmesituation nicht sein. Am Cheat-Day hingegen – siehe Regel 7 – ist alles erlaubt. Auch ein wenig Alkohol. Prost!

REGELMÄSSIG ESSEN

REGEL NR. 5

Wir empfehlen dir, 3 Hauptmahlzeiten und gegebenenfalls 2 Snacks pro Tag zu essen. Mit Snacks meinen wir eine Handvoll Nüsse oder Eiweiß-Snack.

Unsere Challenger haben 40% ihrer Kalorien zum Frühstück, 30% mittags, 20% abends und 10% in Form von Snacks zu sich genommen und gute Erfahrungen gemacht.

Am Abend empfehlen wir dir eiweißreiche Kost mit viel Gemüse oder Salat. Das bringt die Fettverbrennung für die Nacht ordentlich in Schwung und wurde in Deutschland unter dem Motto „Schlank im Schlaf" bekannt.

WICHTIG Morgens nichts zu essen ist ein häufiger Fehler. Dein Stoffwechsel kommt nicht in Schwung, und dein Blutzuckerspiegel fährt Achterbahn. Wenn du morgens einfach nichts essen kannst, dann mach dir einen großen Shake, z. B. den auf Seite 102.

40:30:20:10: Regelmäßiges Essen verhindert Heißhunger-Attacken.

BEWEGUNG

REGEL NR. 6

Noch besser: Sport. Am besten: Bewegung und Sport! Je mehr du dich bewegst, desto mehr Kalorien verbrennst du und desto schneller wirst du deine Fett-Kilo los.

Daher empfehlen wir dir, mindestens 10.000 Schritte pro Tag zu gehen. Und pro Woche 2–5 Cardio-Sporteinheiten à 20–60 Minuten zu absolvieren. Dabei gilt: Hast du es eilig, starte langsam. Und steigere dich innerhalb der 10 Wochen kontinuierlich.

TIPP 1 Treppen laufen, statt den Aufzug zu nehmen. Fahrrad- statt Autofahren. Und bei den Öffentlichen eine Station später ein- und früher aussteigen. So schaffst du locker die 10.000 Schritte am Tag.

TIPP 2 Joggen gehen ist immer noch die einfachste Art, mit Sport zu beginnen. Sportschuhe an und los geht's. Schwimmen ist gelenkschonender, aber aufwendiger. Hocheffizient und schnell erledigt sind HIIT-Trainings. Die Sessions dauern 10 bis 25 Minuten und können easy zu Hause mit einer Trainingsmatte durchgeführt werden. Auf YouTube findest du viele HIIT-Trainings zum Mitmachen. Das sind echte Fett-Burner.

HIIT steht für "High Intensity Intervall Training". Zu Deutsch: Hoch-intensives Intervall-Training. Klingt anstrengend? Ist es auch! Deshalb ist für Anfänger, Ungeübte, Übergewichtige und Personen ab 35 wichtig: Erst vom Arzt durchchecken lassen und dann langsam starten!

KAUFEMPFEHLUNG: SCHRITTZÄHLER

Wir empfehlen dir, dir einen Schrittzähler zuzulegen, der zugleich deine Herzfrequenz misst. So kannst du gleichzeitig deinen täglichen Kalorienverbrauch tracken. Wem das zu teuer ist, kann auch sein Smartphone verwenden. Die meisten haben eine Schrittzählerfunktion integriert.

CHEAT-DAY

REGEL NR. 7

Auch Refeed-Day genannt. An einem Tag in der Woche ist alles erlaubt: Süßigkeiten, Alkohol, Pizza, Nudeln & Co. können ungeniert verzehrt werden. Das Beste daran: Du wirst vom Cheat-Day nicht zunehmen, denn dein Stoffwechsel wird auf Hochtouren laufen.

Es gibt 2 Gründe für den Cheat-Day: Zum einen soll dein Stoffwechsel auf Trab gehalten werden und nicht in den Sparmodus schalten, wenn die bisher gewohnte Essensmenge runtergeschraubt wird. Zum anderen fiel es unseren Challengern leicht, unter der Woche auf Verbotenes zu verzichten, weil der Cheat-Day als Belohnung in Aussicht war. Gemäß dem Motto: Aufgeschoben ist nicht aufgehoben!

UNSER TIPP Absolviere am Cheat-Day eine Sporteinheit. Die zusätzliche Bewegung hilft deinem Stoffwechsel, alle aufgenommenen Kalorien wieder zu verbrennen.

Idealerweise legst du den Cheat-Day auf den Tag in der Woche, an dem eine Party, ein Geschäftsessen, eine Hochzeitsfeier oder Ähnliches ansteht. So ersparst du dir nervige Sprüche. Und du kannst den Anlass in vollen Zügen genießen.

EIN SCHÖNER NEBENEFFEKT
Unsere Challenger berichteten uns, dass sie Süßigkeiten, Gebäck, Pizza & Co. gemäß Regel 2 unter der Woche verbannten und für den Cheat-Day aufheben. Sie freuten sich dann die Woche über auf den Cheat-Day und betrachteten es als „etwas Besonderes", wenn sie am Wochenende die Leckereien essen konnten. Somit wurden die Nasch- & Fettsünden zu dem, was sie innerhalb einer gesunden Ernährung sein sollten: kein Verbot, sondern eine schöne Ausnahme, auf die man sich freut.

Deine Lieblings-Sünde ist nicht tabu, sondern eine Ausnahme für den Cheat-Day. Dadurch wird die Schlemmerei umso schöner!

DIE REGELN IM ÜBERBLICK

Die 5 Basis-Regeln

REGEL NR. 1 → VIEL EIWEISS

REGEL NR. 2 → LOW CARB

REGEL NR. 3 → GESUNDE FETTE

REGEL NR. 4 → KALORIENFREI TRINKEN

REGEL NR. 5 → REGELMÄSSIG ESSEN

Die 2 Zusatz-Regeln

REGEL NR. 6 → BEWEGUNG

REGEL NR 7 → CHEAT-DAY

FETT WEG, ABER SCHNELL!

KAPITEL 4

WIE FUNKTIONIERT DIE FETTVERBRENNUNG?

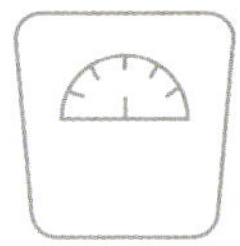

Aufgenommene Kalorien < Verbrannte Kalorien = Fett weg.

Vereinfacht ausgedrückt: Du musst weniger Kalorien am Tag essen und trinken als dein Körper benötigt. Das dadurch entstehende Kaloriendefizit muss dein Körper ausgleichen. Das macht er, indem er auf deine Fettreserven zugreift. Dadurch purzeln die Pfunde. Easy, oder?

Um ein Kilogramm Körperfett zu verbrennen, musst du 7.000 Kilokalorien einsparen.

EIN BEISPIEL

Wenn du am Tag 1.500 Kilokalorien (kcal) isst und trinkst und 2.500 kcal verbrennst, dann hast du ein Kaloriendefizit von 1.000 kcal (2.500–1.500). Wenn du das 7 Tage lang machst, hast du bereits 1 kg pures Körperfett verbrannt.

WICHTIG Damit du Fett und keine Muskeln verbrennst, empfehlen wir dir, viel Eiweiß zu essen. Das schützt deine Muskeln und bringt den Fettstoffwechsel in Schwung. Und dann schmilzt das Fett umso mehr.

WIE SCHNELL KANNST DU FETT VERBRENNEN?

Wie gut hältst du dich an die 5+2 Regeln?

Mein Durchhaltevermögen

	Kaum ↓	Joaa … ↓	Ganz gut ↓	Überwiegend ↓	Größtenteils ↓	zu 100 % ↓
Mein tägliches Kalorien-defizit ⟶	**200 kcal/Tag**	**400 kcal/Tag**	**600 kcal/Tag**	**800 kcal/Tag**	**1.000 kcal/Tag**	**1.200 kcal/Tag**
1 Woche	171 g	343 g	514 g	686 g	857 g	1,0 kg
2 Wochen	343 g	686 g	1,0 kg	1,4 kg	1,7 kg	2,1 kg
3 Wochen	514 kg	1,0 kg	1,5 kg	2,1 kg	2,6 kg	3,1 kg
4 Wochen	686 g	1,4 kg	2,1 kg	2,7 kg	3,4 kg	4,1 kg
5 Wochen	857 g	1,7 kg	2,6 kg	3,4 kg	4,3 kg	5,1 kg
6 Wochen	1,0 kg	2,1 kg	3,1 kg	4,1 kg	5,1 kg	6,2 kg
7 Wochen	1,2 kg	2,4 kg	3,6 kg	4,8 kg	6,0 kg	7,2 kg
8 Wochen	1,4 kg	2,7 kg	4,1 kg	5,5 kg	6,9 kg	8,2 kg
9 Wochen	1,5 kg	3,1 kg	4,6 kg	6,2 kg	7,7 kg	9,3 kg
10 Wochen	1,7 kg	3,4 kg	5,1 kg	6,9 kg	8,6 kg	10,3 kg

Die Tabelle lässt sich wie folgt lesen:

Hältst du dich „kaum" an die Regeln und erreichst ein tägliches Kaloriendefizit von 200 kcal, kannst du in 7 Wochen 1,2 kg Körperfett verbrennen (rechnerisch).

ANMERKUNG Die Tabelle geht von 6 Tagen Kaloriendefizit aus. Ein Tag pro Woche ist Cheat-Day (Regel Nr. 7), sodass hier kein Kaloriendefizit erreicht wird.

WIE VIEL MUSST DU MINDESTENS ESSEN?

Der Grundumsatz gibt dir vor, wie viel du mindestens essen und trinken solltest. Er ist das Mindestmaß an Energie (Kilokalorien), die du zuführen musst, um alle lebenserhaltenden Stoffwechselaktivitäten in deinem Körper aufrechtzuerhalten.

Dieses Mindestmaß an Kilokalorien solltest du dir zu Herzen nehmen. Unterschreitest du es längerfristig, senkt dein Körper seine Stoffwechselaktivitäten, und es wird schwierig mit der Fettverbrennung. Not good!

Gute Eiweißquelle:
Puten-Aufschnitt mit 22 g Eiweiß pro 100 g.

DIE BERECHNUNG DEINES GRUNDUMSATZES NACH DER WHO-FORMEL ERFOLGT IN 2 SCHRITTEN:

1. Schritt:
Berechnung des Grundumsatzes in Megajoule (MJ)

ALTER	FRAUEN	MÄNNER
11–18 Jahre	0,056 x Körpergewicht in kg + 2,898	0,074 x Körpergewicht in kg + 2,754
19–30 Jahre	0,062 x Körpergewicht in kg + 2,036	0,063 x Körpergewicht in kg + 2,896
31–60 Jahre	0,034 x Körpergewicht in kg + 3,538	0,048 x Körpergewicht in kg + 3,653
> 60 Jahre	0,038 x Körpergewicht in kg + 2,755	0,049 x Körpergewicht in kg + 2,459

2. Schritt:
Umrechnung des Grundumsatzes in kcal
Dein Ergebnis aus Schritt 1 multiplizierst du nun mit der Ziffer 239. Das Ergebnis ist dein täglicher Grundumsatz in Kilokalorien.

EIN BEISPIEL

Ein 80 kg schwerer Mann, 39 Jahre alt

1. Schritt: 0,048 x 80 kg + 3,653 = 7,493 MJ
2. Schritt: 7,493 MJ x 239 = 1.791 kcal

Ein 80 kg schwerer Mann (39) hat also einen Mindestumsatz von 1.791 Kilokalorien (kcal). Wenn dieser Mann nun langfristig Fett verbrennen möchte, dann sollte er etwa 1.800 kcal pro Tag essen.

WICHTIG Deinen Grundumsatz solltest du nicht unterschreiten. Das heißt: essen! Nicht umsonst sagt man: Wer abnehmen will, muss essen. Wir empfehlen dir das Kaloriendefizit über die Einhaltung der 5+2 Regeln zu erreichen, insbesondere über Regel 7 (Bewegung + Sport). Ansonsten droht der Jo-Jo-Effekt, wenn dein Körper langfristig den Stoffwechsel herunterfährt.

BERECHNE DEINEN GRUNDUMSATZ

1. Schritt:
Wähle die für dich passende Formel entsprechend deinem Alter und Geschlecht:

______	x ______ kg +	______	= ______
Standardwert (s. Tabelle links)	dein Körpergewicht	Standardwert (s. Tabelle links)	dein Ergebnis

2. Schritt:
Umrechnung in Kilokalorien (kcal)

______	x 239 =	______
dein Ergebnis vom 1. Schritt		dein Grundumsatz

HANDS ON: SO SETZT DU'S UM

KAPITEL 5

▶ Mindestens 3 Handvoll Gemüse
▶ 2 Handvoll Obst (nicht mehr, nicht weniger)
▶ 1 Handvoll Nüsse
▶ 3 große Mahlzeiten am Tag – gegebenenfalls 2 kleinere Snacks – Frühstück nicht vergessen – Abends: so wenig Kohlenhydrate wie möglich
▶ Essen, BEVOR der große Hunger eintritt
▶ Mindestens 2–3 Liter Wasser am Tag trinken – Nach dem Aufstehen: 1 Glas Wasser – Vor und zu jeder Mahlzeit – Regelmäßig über den Tag verteilt – Vor dem Schlafengehen
▶ Kein Brot, Reis, keine Müslis, Nudeln oder Kartoffeln **AUSNAHME:** die Rezepte aus diesem Buch
▶ Keine Süßigkeiten, keinen Kuchen oder Gebäck **AUSNAHME:** die Rezepte aus diesem Buch
▶ Keine Fertigprodukte
▶ Keine frittierten Fisch- und Fleischgerichte
▶ Keine Light-Getränke, Schorlen oder sonstigen kalorischen Getränke
▶ Keinen Alkohol
▶ Mindestens 10.000 Schritte oder/und eine Cardio-Sporteinheit (ca. 25–30 Min.)/HIIT

DEINE TÄGLICHE CHECKLISTE

Alle Rezepte aus diesem Buch sind erlaubt. Guten Appetit!

Deine Checkliste zum Ausdrucken:
www.pumperlgsund-bio.de/checkliste

Erlaubt und schnell selbst gemacht:
unser Low-Carb Brot auf Seite 98.

ESSEN AUSSER HAUS

FRÜHSTÜCK IM CAFÉ

- Das wohl schwierigste Unterfangen in Deutschland. Hier lauern die Kohlenhydratfallen und warten darauf, von White Omelettes, Rührei, Birchermüsli, Obsttellern, Gemüse-Smoothies und Gemüse-Sticks mit Kräuterquark ersetzt zu werden. Auf geht's!

Etwas Eiweiß steckt auch in Gemüse, z. B. in Spinat: 3 g Eiweiß pro 100 g.

MITTAGS BEI DER ARBEIT

Selbstversorger

- Vorkochen: Am besten kochst du abends die doppelte Portion, packst eine davon in Plastikbehälter, stellst sie in den Kühlschrank (ordentlich kalt!) und nimmst sie am nächsten Tag mit ins Büro. In der Fitness-Szene ist das der Mega-Trend und nennt sich "Meal Prep".
- Weitere Rezeptideen, die sich gut vorkochen lassen, findest du ab Seite 42. **UNSER TIPP:** die Wraps. Die schmecken auch kalt gut.
- Büroküche: Rote Linsen dauern nur 10 Min. und werden einfach mit heißem Wasser aufgekocht. Dazu Kidneybohnen aus der Dose (abwaschen!), körnigen Frischkäse und eine frische Tomate. Zum Satt-Werden: ein Good Eggwhites Patty aus der Mikrowelle.
- To-Go Theken im Supermarkt: Salate, Gemüsesticks mit Quark, geräucherter Fisch, gekochte Eier, Magerquark.
- Snack-Tipp: Die Bio-Mini-Rindersalami von Ochsenstolz mit 40% natürlichem Eiweiß, 5% Fett und 1% Kohlenhydraten (www.ochsenriegel.de).

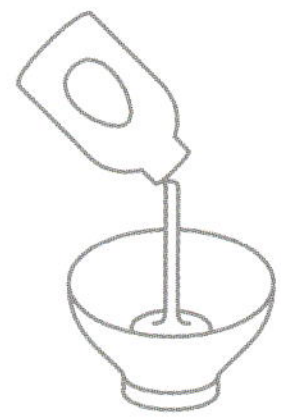

Eiweiß-Patty: 120 g Good Eggwhites in einer Schüssel für 2 Min. bei 500 Watt in die Mikrowelle. Fertig!

Bestelldienste

- Unsere klare Empfehlung heißt fittaste.com. Hier kannst du online leckere und gesunde Gerichte bestellen, die alle mit Nährwerten ausgezeichnet sind. Zudem gibt es eine Kategorie, die „Abnehmen" heißt und in unser Konzept passt. Ein Gericht kostet ca. 10,– €, geliefert wird deutschlandweit.
- Eine weitere Möglichkeit ist eatclever.de.

In der Kantine oder zum Mittagstisch im Restaurant

- Fleisch- oder Fischgerichte mit Gemüse. Einfach die Kohlenhydratbeilage abbestellen und nach mehr Gemüse oder Salat fragen. Vorsicht: Nichts Frittiertes und alles ohne Soßen bestellen!
- Salate mit Thunfisch, Scampi, Hähnchen, Rindfleisch, Ziegenkäse, Feta oder Avocado. Vorsicht mit den Soßen: Nur Essig und Öl sind empfehlenswert, Dressings sind nicht zur Fettverbrennung geeignet.
- Vorsicht beim vorab gereichten Brot: Kohlenhydratfalle!

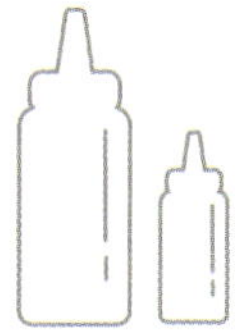

Soßen-Alarm: Achte beim Auswärtsessen auf die Soßen! Das sind oft versteckte Zucker-Bomben.

ABENDS IM RESTAURANT ODER BEIM IMBISS

- Restaurants: Suppen, Salate, Fisch- und Fleischgerichte mit Gemüse, Käseteller ohne Brot, Obstsalat
- Döner-Imbiss: Dönerteller mit Fleisch und Salat (ohne Brot), Falafel-Teller (ohne Brot), Salate mit Oliven und Fetakäse
- Beim Asiaten: Saté-Spieße, Glücksrollen, Fleisch-, Fisch- und vegetarische Gerichte ohne Reis (muss aktiv abbestellt werden)
- Fast-Food-Restaurant: Burger ohne Brot, Salate, Wraps

LEBENSMITTELLISTEN – DOS UND DON'TS

Die in diesem Kapitel aufgeführten Listen sollen dir eine Orientierung geben, was grundsätzlich förderlich (DOS) bzw. hinderlich (DON'TS) für die Fettreduktion ist.

Dabei gelten grundsätzlich die folgenden 3 Aussagen für die eingeordneten Lebensmittel in den Listen:

1. Die Listen helfen zur Orientierung und sind nicht vollständig.

2. Es gibt zahlreiche Graubereiche, die wir hier nicht abbilden können. Das heißt, Lebensmittel können bei den Don'ts stehen, obwohl sie in kleinen Mengen kein Problem darstellen. Oder sie stehen bei den Dos, obwohl die Nährwerte pro 100 g ungünstig sind. Da sie aber typischerweise in kleinen Mengen verzehrt werden, haben wir sie bei den Dos eingeordnet (z. B. Mandelmus).

3. Alle Don'ts können als Ausnahme (!!!) und am Cheat-Day gegessen werden. Die Ausnahmen dürfen nur nicht zur Regel werden. Um euch ein Gefühl zu geben, was wir damit meinen: Isst man einmal in der Woche eine Scheibe Salami, ist das vollkommen okay. Isst man sie hingegen jeden Tag, wird es schwierig mit den schnellen Fettreduktions-Erfolgen.

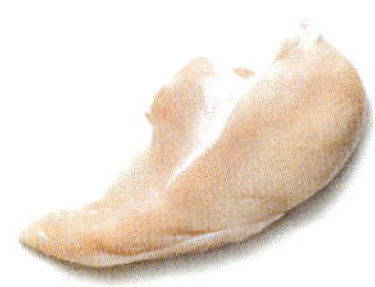

Gute Eiweißquelle:
Hähnchenbrustfilet mit 25 g Eiweiß pro 100 g.

	DOS	DON'TS
Fleisch 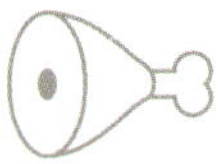	Geflügel Hähnchen (ohne Haut) Rind (mager) Kalb (mager) Lamm (mager) Schwein (mager) Wild (mager)	Paniertes Fleisch Gekaufte Frikadellen Mariniertes Fleisch Leber Schnitzel Fettige Braten Bratwürste Currywurst
Wurst 	AUSNAHME Frische, magere Wurst vom Metzger: z. B. Bresaola, magerer Schinken, Lachsschinken	Alle Wurstsorten, insbesondere abgepackte Wurst aus der Supermarkttheke Grund: häufig mit Zucker & vielen Zusatzstoffen versetzt
Fisch 	Alle Fischsorten Wir empfehlen Fisch aus nachhaltigem Fang (keine Aquakulturen)	Panierter Fisch Marinierter Fisch Eingelegter Fisch
Meeresfrüchte 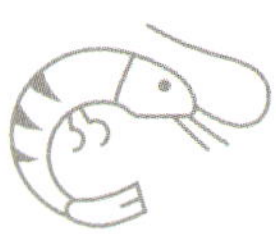	Alle	Panierte Meeresfrüchte

	DOS	DON'TS
Beilagen 	Salat Gemüse Bohnen Linsen Tofu Seitan	Reis, Kartoffeln, Bratkartoffeln, Kroketten, Nudeln/Pasta, Pommes Frites, Glasnudeln, Buchweizen, Mais, Quinoa, Couscous **WICHTIG** Auch nicht in der jeweiligen Vollkornvariante
Gemüse 	Grundsätzlich alle Gemüsesorten Am besten gedünstet oder in der Mikrowelle zubereitet Wenn gebraten, mit wenig Brat-Öl	Kartoffeln Süßkartoffeln Mais Kochbananen Pastinaken Buchweizen Frittiertes Gemüse
Obst 	**2 HANDVOLL AM TAG** Nicht mehr, nicht weniger!	Getrocknetes Obst Bananen Weintrauben Kirschen
Nüsse 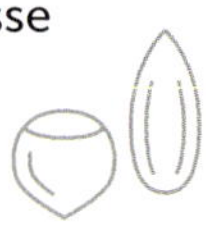	**1 HANDVOLL PRO TAG** Alle Nusssorten erlaubt (natur)	Geröstete Nüsse Gebrannte Mandeln

	DOS	DON'TS
Milch- und Milchersatz 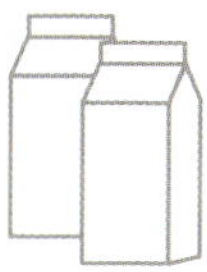	**ALS PORRIDGE-ZUGABE, NICHT ABER ZUM PUR TRINKEN** Mandeldrink (ungesüßt, natural) Sojadrink (ungesüßt, natural) Kuhmilch Haferdrink Reisdrink Haselnussdrink Cashewdrink Kokosnussdrink	Gesüßte Milchersatzgetränke: Mandeldrink Calcium, Vanille, Fresh Sojadrink Calcium, Fresh, Banane, Schoko
Milchprodukte 	Körniger Frischkäse Magerquark natur Skyr Frischkäse light (0,2% Fett)	Joghurt natur Fertig-Joghurt mit Früchten Fertige Quarkspeisen mit Früchten Kefir Buttermilch Sahne Sour Cream

	DOS	DON'TS
Käse 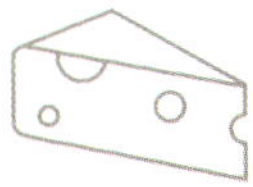	Körniger Frischkäse Harzer Käse Frischkäse light Feta light	Gouda Camembert Brie Cheddar Mozzarella Gorgonzola Schmelzkäse Bauernkäse Edamer Emmentaler Limburger
Brot 	Brotrezepte im praktischen Teil Knäckebrot dünn (Roggenvollkorn) Oopsies / Cloud-Bread	Weißbrot Graubrot Schwarzbrot Brötchen Vollkornbrote Fertig-Eiweißbrote Knäckebrot Fladenbrot
Brotaufstriche 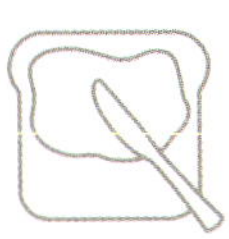	Mandelmus Cashewmus **DÜNN AUFGESTRICHEN** ungesüßte Marmeladen mit hohem Fruchtanteil	Nuss-Nougat-Aufstrich Erdnussbutter Marmeladen Light-Produkte

	DOS	DON'TS
Eier	Eiklar Eier (in Maßen)	Pures Eigelb
Mehl	Mandelmehl Sojamehl Kokosnussmehl Leinsamenmehl Lupinenmehl Walnussmehl	Weizenmehl Buchweizenmehl Kastanienmehl Maismehl Teffmehl Vollkornreismehl
Öl/Essig	Arganöl Erdnussöl Hanföl Haselnussöl Kokosöl Kürbiskernöl Leinöl Macadamiaöl Olivenöl Rapsöl Trüffelöl Walnussöl Weißweinessig	Sonnenblumenöl Balsamico-Essig
Soßen	Senf Tomatenmark	Mayonnaise Ketchup Remoulade BBQ-Soßen Fertigsoßen

	DOS	DON'TS
Süßmittel	NUR IN GERINGEN MENGEN Reissirup Kokosblütenzucker Kokosblütensirup Honig Erythrit Xylit / Birkenzucker Stevia	Zucker Rohrzucker Agavendicksaft Dattelsüße Ahornsirup Brauner Zucker Traubenzucker Süßstoffe
Fertigprodukte **Junkfood** **Fast Food** **Süßigkeiten**	–	Alle
Frühstücksflocken	NUR MORGENS Haferflocken Dinkelflocken	Cornflakes & Co. Fertig-Müslis Fertig-Porridges
Sonstiges	Kerne Sprossen Samen Flohsamenschalen	Esskastanien Amaranth Reiswaffeln

	DOS	DON'TS
Getränke	Stilles Wasser Sprudelwasser Tee (selbst aufgebrüht) Schwarzer Kaffee Gemüse-Smoothies Wasser mit frischer Minze o. a. Wasser mit frischer Zitrone, Orange, Granatapfel o. Ä. **SEHR WENIG** Alkoholfreies Bier Weinschorlen	Limonaden Säfte Obst-Smoothies Schorlen Eistee Milch Shakes Fertig-Drinks Energy-Drinks Light-Produkte Jeglicher Alkohol (Wein, Bier, Sekt, Whiskey, etc.)

HINWEIS Alle unsere Rezepte sind erlaubt! Falls du eine Zutat aus der Don'ts-Spalte in unseren Rezepten findest, darfst du trotzdem zugreifen. Denn wir haben darauf geachtet, diese Zutaten nur in geringen Mengen zu verwenden. Somit verstößt du nicht gegen die Regeln. Guten Appetit!

Ab in die Küche, fertig, los:
Mit diesen 40 leckeren Eiweiß-Rezepten bekommst du dein Fett weg. Es wird Zeit, den Kochlöffel zu schwingen!

REZEPTE

LECKER, GESUND UND EIWEISSREICH

FRÜH STÜCK

START YOUR ENGINES

BRÖTCHEN

KÖRNER OOPSIE

FRÜHSTÜCK

VEGGIE

ZUTATEN FÜR 9 OOPSIES | 5 MIN

250 g	Good Eggwhites
2 g	Salz
10 g	Chiasamen
7 g	Backpulver
35 g	Flohsamenschalen
25 g	Leinsamen, geschrotet
50 g	Sojajoghurt, ungesüßt
50 g	Frischkäse, laktosefrei

1. Ofen auf 180 °C Umluft vorheizen.
2. Good Eggwhites mit Salz sehr steif schlagen. Trockene Zutaten mischen, Joghurt und Frischkäse dazugeben und zu lockeren Flocken verkneten.
3. Flocken in Eischnee bröseln und auf niedriger Stufe verrühren.
4. Backpapier aufs Backblech geben und mit Löffeln neun Kleckse aufs Papier setzen. 20 Min. backen, dann 20 Min. im leicht geöffneten Ofen auskühlen lassen.
5. Oopsie nach Wunsch belegen.

5 GRAMM **EIWEISS**

Kalorien	58 kcal
Fett	3 g
gesätt. Fettsäuren	1 g
Kohlenhydrate	1 g
Zucker	0 g
Salz	0,36 g

LOW CARB

1 Oopsie entspricht 50 g

17 GRAMM EIWEISS

Kalorien	194 kcal
Fett	3 g
gesätt. Fettsäuren	0 g
Kohlenhydrate	24 g
Zucker	22 g
Salz	0,38 g

GOOD CARB

1 Omelette entspricht 250 g

OMELETTE

BIRNE, MOHN

FRÜHSTÜCK

VEGGIE

ZUTATEN FÜR 1 OMELETTE | 15 MIN

½ kleine Birne
125 g Good Eggwhites
30 g Banane
1 gehäufter EL Kokosmehl, teilentölt
12 g Reissirup
2 TL Mohn

1. Ofen auf 180 °C Ober-/Unterhitze vorheizen.
2. Birne waschen, entkernen und in Scheiben schneiden.
3. Bis auf die Birne und 1 TL Mohn alle Zutaten miteinander vermischen. Teig in eine ofenfeste Pfanne füllen und die Birnen sofort darauf verteilen.
4. Auf mittlerer Temperatur kurz stocken lassen und im vorgeheizten Ofen grillen (Grillfunktion).
5. Den Rest des Mohns als Topping verwenden.

CLOUD EGG

SERRANOSCHINKEN, HONIG, ZIEGENKÄSE

FRÜHSTÜCK

ZUTATEN FÜR 4 STÜCK | 5 MIN

- 120 g Good Eggwhites
- 1 Prise Salz
- 3 Prisen Thymian, getrocknet
- 4 Prisen Pfeffer, schwarz
- 100 g Ziegenfrischkäse
- 4 Scheiben Serrano-Schinken
- 12 g Pinienkerne
- 1 TL Honig

1. Den Ofen auf 180 °C Ober- /Unterhitze vorheizen. Das Backpapier auf ein Backblech legen.

2. Good Eggwhites mit dem Salz sehr steif schlagen. Zum Schluss Thymian und Pfeffer einrieseln lassen.

3. Den Eischnee mit einem Esslöffel in 4 Portionen auf das Backpapier geben und in die Mitte eine Mulde drücken. In diese Mulde den Frischkäse geben, den Schinken darauf platzieren und die Pinienkerne darüberstreuen.

4. Die Wölkchen für etwa 8 Min. backen, bis sie an der Oberseite leicht gebräunt sind, und mit Honig beträufeln.

9 GRAMM EIWEISS

Kalorien	74 kcal
Fett	3 g
gesätt. Fettsäuren	1 g
Kohlenhydrate	2 g
Zucker	2 g
Salz	0,50 g

LOW CARB

1 Stück entspricht 70 g

14 GRAMM EIWEISS

Brennwert	198 kcal
Fett	3 g
gesätt. Fettsäuren	2 g
Kohlenhydrate	26 g
Zucker	14 g
Salz	0,46 g

GOOD CARB

1 Frenchtoast entspricht 200 g

FRENCHTOAST

SCHOKOLADE, APRIKOSE, TOAST

FRÜHSTÜCK

VEGGIE

ZUTATEN FÜR 3 FRENCHTOASTS | 15 MIN

TOAST:

3 Scheiben Vollkorntoast
15 g Kakaopulver
10 g Reissirup
2 EL Wasser
20 g Milch (fettarm)
½ TL Vanille, gemahlen
90 g Good Eggwhites
1 TL Kokosöl

KOMPOTT:

200 g Aprikosen, frisch
10 g Kokosblütenzucker
150 g Skyr

TOAST:

1. Die Rinde von den Toastbroten abschneiden und jedes Brot mit dem Nudelholz dünn ausrollen.

2. Kakaopulver mit dem Reissirup und dem Wasser zu einer dicken Crème vermischen und diese auf die Toasts streichen. Toastbrote aufrollen.

3. Milch, Vanille und Good Eggwhites miteinander vermischen und die Toasts darin tränken. Brote anschließend in einer Pfanne in Kokosöl von allen Seiten anbraten.

KOMPOTT:

1. Aprikosen entkernen, in Scheiben schneiden und mit Kokosblützenzucker karamellisieren. Für etwa 10 Min. bei kleiner Hitze garen.

2. Toasts mit Skyr und dem Aprikosenkompott anrichten.

BAGEL

MANDEL, LEINSAMEN

FRÜHSTÜCK

VEGGIE

ZUTATEN FÜR 2 BAGELS | 5 MIN

½ TL Salz

90 g Mandeln, gemahlen

1 TL Backpulver

7 g Flohsamenschalen, gemahlen

25 g Leinsamen, geschrotet

100 g Good Eggwhites

1 TL Apfelessig

1. Ofen auf 180 °C Ober-/Unterhitze vorheizen.
2. Erst die trockenen Zutaten miteinander vermengen, dann die feuchten dazugeben und alles verkneten.
3. Mit feuchten Händen 2 Bagels formen und 16–18 Min. backen.
4. Nach Belieben belegen.

21 GRAMM EIWEISS

Kalorien	372 kcal
Fett	29 g
gesätt. Fettsäuren	3 g
Kohlenhydrate	4 g
Zucker	3 g
Salz	1,44 g

LOW CARB

1 Bagel entspricht 120 g

12 GRAMM EIWEISS
Kalorien 97 kcal
Fett 3 g
gesätt. Fettsäuren 0 g
Kohlenhydrate 2 g
Zucker 1 g
Salz 0,34 g
LOW CARB
1 Scheibe entspricht 50 g

BROT

CHIA, MOHN, MANDELMILCH

FRÜHSTÜCK

VEGGIE

ZUTATEN FÜR 1 BROT | 35 MIN

20 g Dinkelmehl, Typ 630
1 Würfel Hefe, frisch
5 g Backenzym (optional)
30 ml Wasser
1 TL Reissirup
150 g Good Eggwhites
150 g Magerquark
250 ml Mandelmilch, ungesüßt
30 g Mohn
200 g Leinsamenmehl
4 g Brotgewürz
150 g Weizenkleber
100 g Chiamehl, entölt
30 g Chiasamen
1 gehäufter TL Salz
20 g Flohsamenschalen
2 EL Balsamico, dunkel
1 EL Olivenöl

1. Den Ofen auf 50 °C Ober-/Unterhitze vorheizen.
2. Das Mehl mit der zerbröselten Hefe und dem Backenzym (optional, es funktioniert auch ohne) vermengen. Das handwarme Wasser und den Reissirup dazugeben. Zu einem homogenen, zähflüssigen Vorteig verrühren und abgedeckt stehen lassen.
3. Good Eggwhites, Quark und Milch in einer Schale mischen und beides für 20 Min. in den Ofen stellen.
4. Die restlichen trockenen Zutaten vermengen.
5. Die feuchten Zutaten, Good-Eggwhites-Mischung und Hefemischung dazugeben, 10 Min. mit der Hand verkneten, bis der Teig beginnt, leicht zu kleben und sich nach dem Auseinanderziehen wieder zusammenzieht.
6. Einen Laib formen und mit einem feuchten Tuch abgedeckt an einem warmen Ort für 45 Min. gehen lassen. Danach das Tuch wegnehmen und eine Schale Wasser in den Ofen stellen.
7. Den Ofen auf 220 °C Ober-/Unterhitze aufheizen und den Teig 40–45 Min. backen. 10 Min. vor dem Ende die Schale Wasser aus dem Ofen nehmen.

BOWL

CHIA, KOKOS, PASSIONSFRUCHT

FRÜHSTÜCK

VEGGIE

ZUTATEN FÜR 1 GLAS | 5 MIN

- 15 g Chiasamen
- 60 g Good Eggwhites
- 250 g Skyr
- 2 EL Reissirup
- 2 Passionsfrüchte

1. Chiasamen mit Good Eggwhites und 2 EL Skyr vermischt für 1 Stunde in den Kühlschrank stellen.
2. Nun den restlichen Skyr mit Reissirup verrühren und das Passionsfruchtfleisch herauslösen.
3. Alle drei Komponenten in ein Glas schichten und genießen.

44 GRAMM EIWEISS

Kalorien	380 kcal
Fett	6 g
gesätt. Fettsäuren	1 g
Kohlenhydrate	30 g
Zucker	30 g
Salz	0,44 g

GOOD CARB

1 Glas entspricht 400 g

HERO-REZEPT

37 GRAMM **EIWEISS**

CHEAT-DAY Rezept

Kalorien	563 kcal
Fett	25 g
gesätt. Fettsäuren	10 g
Kohlenhydrate	43 g
Zucker	25 g
Salz	0,38 g

GOOD CARB

1 Portion entspricht 420 g

PANCAKES

AVOCADO, SKYR, ERDNUSSMUS

FRÜHSTÜCK

VEGGIE

ZUTATEN FÜR 1 PORTION | 15 MIN

TEIG:

- 100 g Avocado
- 70 g Good Eggwhites
- 1 TL Erdnussmus
- 10 g Kokosblütenzucker
- 1 gehäufter TL Flohsamenschalen
- 1 gehäufter EL Apfel-Bananen-Mark
- ½ TL Backpulver
- 1 gehäufter EL Kokos, geraspelt
- 1 gehäufter EL Dinkelmehl, Typ 1050
- 1 Spritzer Kokosöl

TOPPING:

- 150 g Skyr
- 1 TL Reissirup

TEIG:

1. Ofen auf 150 °C Umluft vorheizen. Teller hineingeben.
2. Avocadofleisch herauskratzen und zerdrücken.
3. Alles bis auf Kokosöl, Skyr und Reissirup dazugeben und gut vermengen.
4. Pfanne mit Kokosöl ausstreichen, hoch erhitzen, dann auf mittlere Hitze runterschalten.
5. Mit einem Esslöffel die Masse in die Pfanne füllen, auf die gewünschte Dicke drücken, wenden und gut durchbacken.

TOPPING:

Die Pancakes im Ofen warm halten, bis alle fertig sind. Mit Skyr und Reissirup anrichten.

MITTAG ESSEN

FUEL YOUR BODY

GAZPACHO

AVOCADO, GURKE, NORDSEEKRABBE

MITTAGESSEN

ZUTATEN FÜR 2 SCHÜSSELN | 5 MIN

- 1 Gurke
- 120 g Good Eggwhites
- 1 Knoblauchzehe
- 20 ml Limettensaft, frisch
- 4 Minzblättchen, frisch
- 1 cm Ingwer
- 1 Stängel Basilikum, frisch
- 80 g Avocado
- 1 Msp. Pfeffer, schwarz
- 4 Prisen Salz
- 100 g griechischer Joghurt
- 90 g Nordseekrabben
- 1 TL Pinienkerne

1. Gurke schälen und alles (außer den Krabben und den Pinienkernen) im Mixer pürieren.

2. Die Suppe mit Kernen und Krabben garnieren.

25 GRAMM EIWEISS

Kalorien	212 kcal
Fett	7 g
gesätt. Fettsäuren	2 g
Kohlenhydrate	11 g
Zucker	9 g
Salz	0,53 g

LOW CARB

1 Schüssel entspricht 440 g

72 GRAMM EIWEISS

Kalorien	545 kcal
Fett	19 g
gesätt. Fettsäuren	9 g
Kohlenhydrate	20 g
Zucker	14 g
Salz	2,76 g

LOW CARB

1 Teller entspricht 680 g

GRATIN

TATAR, PASTINAKE, FENCHEL

MITTAGESSEN

ZUTATEN FÜR 2 TELLER | 10 MIN

- 400 g Tatar
- 1 Schalotte
- 1 Knoblauchzehe
- 1 cm Chilischote, gelb
- 120 g Pastinake
- 1 Möhre
- 1 Knolle Fenchel
- 2 Msp. Kreuzkümmel
- ½ TL Thymian, getrocknet
- 4 Prisen Pfeffer, schwarz
- 4 Prisen Salz
- 150 g Tomaten, passiert
- 60 g Good Eggwhites
- 50 g Coco Cuisine
- 180 g Feta, light

1. Ofen auf 200 °C Umluft vorheizen. Das Tatar in einer ofenfesten Pfanne scharf anbraten.
2. Auf mittlere Hitze herunterschalten. Schalotte und Knoblauch schälen und zusammen mit der Chili fein hacken.
3. Pastinake schälen und in Scheiben schneiden, Möhren schälen und stiften, Fenchel putzen, in Ringe schneiden und alles mit den Gewürzen in die Pfanne geben.
4. Tomaten, Good Eggwhites und Coco Cuisine mit dem Pürierstab pürieren und ebenfalls in die Pfanne geben. Feta zerbröseln und dazugeben.
5. Im Ofen etwa 10–15 Min. überbacken.

CURRY

KOKOS, HÄHNCHEN, MANGO

MITTAGESSEN

ZUTATEN FÜR 2 TELLER | 20 MIN

- 80 g Linsen, rot
- 300 g Hähnchenbrust
- 2 TL Currypaste, gelb
- 1 Schalotte
- 1 Knoblauchzehe
- 150 g Chinakohl
- 200 g Blumenkohl
- 1 Paprika, rot
- 1 EL Kokosöl
- ½ TL Koriandersamen
- 1 TL Kurkuma
- 1 Msp. Cayennepfeffer
- 1 TL Currypulver
- 130 g Coco Cuisine
- 80 g Mangopüree
- 100 g Good Eggwhites
- 30 g Cashewkerne

1. Linsen nach Packungsanleitung kochen. Hähnchen würfeln und in der Currypaste marinieren.

2. Schalotte und Knoblauch schälen und fein hacken. Chinakohl waschen und in Streifen schneiden. Röschen aus dem Blumenkohl lösen und putzen. Paprika waschen, entkernen und in Streifen schneiden.

3. Kokosöl bei mittlerer Hitze mit den Gewürzen in der Pfanne erhitzen, Schalotten und Knoblauch dazugeben. Mit Coco Cuisine ablöschen und die Hähnchenwürfel beimischen. 3 Min. köcheln lassen.

4. Mangopüree und Gemüse dazugeben und bei niedriger Temperatur so lange garen, bis der Kohl eingefallen ist.

5. Vom Herd nehmen, Good Eggwhites unterrühren und unter Rühren noch mal erhitzen, bis eine sämige Konsistenz entsteht (bei mittlerer Temperatur).

6. Mit den Linsen anrichten und mit Cashewkernen bestreuen.

59 GRAMM EIWEISS

Kalorien	566 kcal
Fett	20 g
gesätt. Fettsäuren	5 g
Kohlenhydrate	36 g
Zucker	16 g
Salz	0,63 g

GOOD CARB

1 Teller entspricht 630 g

23 GRAMM EIWEISS

Kalorien	217 kcal
Fett	9 g
gesätt. Fettsäuren	1 g
Kohlenhydrate	10 g
Zucker	9 g
Salz	2,92 g

LOW CARB

1 Schüssel entspricht 700 g

SUPPE

PILZCREMESUPPE

MITTAGESSEN

VEGGIE

ZUTATEN FÜR 1 SCHÜSSEL | 30 MIN

- 100 g Stangensellerie
- 1 Knoblauchzehe
- 1 kleine Zwiebel
- 150 ml Wasser
- 200 g Kräuterseitlinge
- 150 g Soja Cuisine, light
- 100 g Milch (fettarm)
- 1 TL Brühe, gekörnt
- 3 Prisen Pfeffer, schwarz
- 120 g Good Eggwhites
- 1 EL Olivenöl
- 2 Prisen Salz
- 1 Stängel Petersilie, frisch

1. Den Stangensellerie waschen und in Stücke schneiden, Knoblauch und Zwiebel schälen und fein hacken. Knoblauch und ca. 20 g Zwiebeln zusammen mit dem Sellerie in einem Topf mit dem Wasser weich kochen (etwa 20 Minuten). Anschließend gründlich pürieren.

2. Kräuterseitlinge putzen und zerkleinern. 1 Seitling in Scheiben schneiden und beiseitelegen. Alle anderen Pilze mit in den Topf geben und kurz garen lassen.

3. Soja Cuisine hinzugeben und alles einkochen lassen. Milch hinzufügen und die Suppe mit Brühe und Pfeffer würzen.

4. Alles etwas abkühlen lassen und das Good Eggwhites unter Rühren dazugeben. Alles noch mal erhitzen, aber nicht aufkochen lassen.

5. Den in Scheiben geschnittenen Kräuterseitling in Olivenöl anbraten, salzen und mit der klein gehackten Petersilie würzen.

6. Die Suppe in einen Teller geben und mit dem gebratenen Pilz und Petersilie garnieren.

VORSPEISE

VITELLO TONNATO

MITTAGESSEN

1. Alles außer dem Bratenaufschnitt und ein paar Kapern (etwa 5 Stück) im Mixer pürieren.

2. Soße auf dem Aufschnitt anrichten und mit den restlichen Kapern garnieren.

ZUTATEN FÜR 1 TELLER	5 MIN
40 g Good Eggwhites	
100 g Frischkäse (0,2 % Fett)	
½ TL Pfeffer, schwarz	
10 g Senf, mittelscharf	
2 Spritzer Zitronensaft	
70 g Thunfisch (aus der Dose)	
1 Prise Kokosblütenzucker	
200 g Kalbsbraten-Aufschnitt	
15 g Kapern	

67 GRAMM EIWEISS

Kalorien	374 kcal
Fett	7 g
gesätt. Fettsäuren	3 g
Kohlenhydrate	8 g
Zucker	7 g
Salz	3,87 g

LOW CARB

1 Teller entspricht 440 g

HERO-REZEPT

18 GRAMM EIWEISS

Kalorien	245 kcal
Fett	11 g
gesätt. Fettsäuren	5 g
Kohlenhydrate	16 g
Zucker	14 g
Salz	0,20 g

LOW CARB

1 Teller entspricht 390 g

GEFÜLLTES GEMÜSE

AUBERGINE, ZIEGENKÄSE, MÖHRE

MITTAGESSEN

VEGGIE

ZUTATEN FÜR 2 TELLER | 20 MIN

- 1 Aubergine
- 1 TL Kokosöl
- 200 g Ziegenfrischkäse
- 2 Prisen Flohsamenschalen, gemahlen
- 30 g Good Eggwhites
- 1 Möhre
- 15 g Pinienkerne
- 1 TL Honig
- 2 Prisen Pfeffer, schwarz
- 4 Stängel Thymian, frisch

1. Aubergine waschen und längs in feine Scheiben schneiden (3–4 mm). Grillpfanne erhitzen und mit Kokosöl einstreichen. Auberginenstreifen nacheinander von jeder Seite anbraten und im Ofen bei 180 °C backen, bis sie gar sind.

2. Ziegenfrischkäse mit Flohsamen und Good Eggwhites gut verrühren.

3. Möhre schälen und stiften.

4. Auberginenstreifen mit Frischkäse einstreichen, einen Möhrenstift in die Mitte geben, mit Pinienkernen, Honig, Pfeffer und Thymian bestreuen und aufrollen.

SUPPE

NORDSEEKRABBE, ERBSEN, DILL

MITTAGESSEN

ZUTATEN FÜR 1 SCHÜSSEL | 20 MIN

- 1 EL Dill, frisch
- 40 g Erbsen, TK
- 200 g Gemüsefond
- 15 g Krustenpaste
- 1 EL Dinkelvollkornmehl
- 15 g Tomatenmark
- ½ TL Currypulver
- 2 Prisen Salz
- 1 Prise Cayennepfeffer
- 150 g Good Eggwhites
- 125 g Nordseekrabben

1. Dill waschen, trocken schütteln und klein schneiden. Erbsen in eine Schüssel füllen und auftauen lassen. Fond aufkochen.

2. Krustenpaste mit Dinkelmehl verkneten, zusammen mit dem Tomatenmark unter den Fond rühren und kurz aufkochen lassen. Mit Curry, Salz und Cayennepfeffer würzen.

3. Erbsen und Dill der Suppe hinzufügen und erneut aufkochen lassen.

4. Suppe beiseitestellen, kurz abkühlen lassen und das Good Eggwhites unterrühren.

5. Nicht mehr aufkochen lassen, nur bei geringer Temperatur etwas erhitzen und die Nordseekrabben hinzufügen. 2 Min. ziehen lassen und genießen.

50 GRAMM EIWEISS

Kalorien	336 kcal
Fett	7 g
gesätt. Fettsäuren	3 g
Kohlenhydrate	20 g
Zucker	6 g
Salz	1,79 g

LOW CARB

1 Schüssel entspricht 560 g

27 GRAMM EIWEISS

Kalorien	216 kcal
Fett	9 g
gesätt. Fettsäuren	4 g
Kohlenhydrate	6 g
Zucker	6 g
Salz	1,86 g

LOW CARB

1 Omelette entspricht 380 g

OMELETTE

SERRANOSCHINKEN, TOMATE, ARTISCHOCKE

MITTAGESSEN

ZUTATEN FÜR 1 OMELETTE | 14 MIN

- 1 mittelgroße Tomate
- 1 Scheibe Serrano-Schinken
- 15 g Parmesan, gerieben
- 5 Artischockenviertel (aus dem Glas)
- 160 g Good Eggwhites
- 1 EL Sprudelwasser
- 3 Prisen Salz
- ½ TL Cayennepfeffer
- 1 gestrichener TL Thymian, getrocknet
- 1 TL Bratöl

1. Den Ofen auf 180 °C Ober-/Unterhitze vorheizen. Die Tomate in Scheiben schneiden. Serrano-Schinken vom Fettrand entfernen und in Streifen zupfen. Den Parmesan reiben. Die Artischockenviertel auf einem Küchenkrepp abtropfen lassen und mit der Hand in Stücke zupfen.

2. Good Eggwhites, Sprudelwasser, Salz, Cayennepfeffer und Thymian in einer Rührschüssel mit einer Gabel verquirlen.

3. Bratöl in einer Pfanne gut erhitzen. Dann auf mittlere Hitze herunterschalten. Die Good-Eggwhites-Masse in die Pfanne gießen und gleichmäßig bis zum Pfannenrand verteilen.

4. Zügig die Artischockenstücke, Tomatenscheiben und Schinkenstreifen dazugeben und 2–3 Min. stocken lassen.

5. Am Ende der Garzeit Parmesan über das Omelette streuen. Die Pfanne mit dem Eiweiß-Omelette auf eine obere Schiene unter den Ofengrill stellen und etwa 3–4 Min. garen. Die Oberfläche soll schön kross und braun sein.

PASTA

KORIANDER, LIMETTE, LINSENNUDELN

MITTAGESSEN

VEGGIE

ZUTATEN FÜR 2 SCHÜSSELN | 10 MIN

- 250 g Linsennudeln
- 75 g Koriander, frisch
- 1 g Ingwer
- 60 g Parmesan, gerieben
- 1 Knoblauchzehe
- 1 Limette, Schale gerieben
- 20 ml Limettensaft, frisch
- 150 g Good Eggwhites
- 10 g Kokos, geraspelt
- 1 TL Olivenöl
- 30 g Erdnüsse, ungeröstet, ungesalzen
- 1 gestrichener TL Pfeffer, schwarz
- 3 Prisen Salz

1. Die Linsennudeln nach Packungsanleitung kochen und sehr gut abtropfen lassen.
2. In der Zwischenzeit den Koriander waschen und ebenso gut abtropfen lassen.
3. Den Ingwer und Parmesan reiben, den Knoblauch schälen und grob hacken.
4. Die Limette entsaften und die Schale abreiben.
5. Alle Zutaten im Mixer zu Pesto pürieren.
6. Das Pesto unter die heißen Nudeln heben und servieren.

CHEAT-DAY Rezept

60 GRAMM EIWEISS

Kalorien	780 kcal
Fett	28 g
gesätt. Fettsäuren	12 g
Kohlenhydrate	63 g
Zucker	14 g
Salz	0,99 g

GOOD CARB

1 Schüssel entspricht 300 g

65 GRAMM EIWEISS
Kalorien 418 kcal
Fett 12 g
gesätt. Fettsäuren 3 g
Kohlenhydrate 12 g
Zucker 9 g
Salz 2,71 g
LOW CARB
1 Teller entspricht 430 g

BRATLINGE

THUNFISCH, FETA, TOMATE

MITTAGESSEN

ZUTATEN FÜR 1 TELLER | 30 MIN

1 Knoblauchzehe
100 g griechischer Joghurt
1 kleine Zwiebel
20 g Tomaten, getrocknet
1 Stängel Oregano, frisch
150 g Thunfisch (aus der Dose)
70 g Good Eggwhites
1 EL Basilikum, getrocknet
20 g Magerquark
10 g Senf, mittelscharf
1 TL Tomatenmark
2 Prisen Salz
20 g Feta, light
1 EL Olivenöl

1. Knoblauch schälen, in den Joghurt pressen und verrühren. Das Ganze 15 Min. ziehen lassen.

2. Für die Bratlinge die Zwiebel schälen und klein schneiden. Etwa 20 g in der Pfanne anschwitzen, bis sie leicht braun werden.

3. Getrocknete Tomaten klein schneiden und Oregano klein hacken. Den Saft vom Thunfisch gut abtropfen lassen und mit allen anderen Zutaten außer dem Feta vermischen. Kurz ziehen lassen.

4. Die Masse zu 6 kleinen Bratlingen formen und in das Innere jeweils ein kleines Stück Feta drücken. In Olivenöl von allen Seiten goldbraun anbraten, die Hitze runterstellen und 10 Min. garen lassen.

TIPP: Dazu passt Salat.

WRAP

ZIEGENKÄSE, WALNUSS, HONIG

MITTAGESSEN

VEGGIE

ZUTATEN FÜR 1 WRAP | 8 MIN

TEIG:

- 120 g Good Eggwhites
- 1 EL Sprudelwasser
- 1 gehäufter TL Mandelmehl, entölt
- 1 Prise Salz
- 1 EL Bratöl

BELAG:

- 30 g Ziegenfrischkäse
- 2 Stängel Thymian, frisch
- 20 g Rucola
- 10 g Walnüsse
- 1 TL Honig
- 3 Prisen Pfeffer, schwarz

TEIG:

1. Good Eggwhites, Sprudelwasser, Mandelmehl und Salz in einer Rührschüssel mit einer Gabel verquirlen.

2. Das Bratöl in die Pfanne geben, mit einem Backpinsel verteilen und gut erhitzen. Dann den Ofen auf mittlere Hitze herunterschalten. Die Good-Eggwhites-Masse in die Pfanne gießen und gleichmäßig bis zum Pfannenrand verteilen. 2–3 Min. stocken lassen. Mit einem Pfannenwender vorsichtig wenden und eine weitere Minute garen. Das Omelette herausnehmen und kurz abkühlen lassen.

BELAG:

Den Ziegenfrischkäse auf dem Omelette verstreichen und die restlichen Zutaten für den Belag darüber verteilen. Den Wrap pfeffern, aufrollen und servieren!

22 GRAMM **EIWEISS**

Kalorien	197 kcal
Fett	10 g
gesätt. Fettsäuren	2 g
Kohlenhydrate	5 g
Zucker	5 g
Salz	0,48 g

LOW CARB

1 Wrap entspricht 200 g

36 GRAMM EIWEISS

Kalorien	209 kcal
Fett	6 g
gesätt. Fettsäuren	1 g
Kohlenhydrate	3 g
Zucker	2 g
Salz	1,00 g

LOW CARB

1 Teller entspricht 290 g

RÜHREI

RADIESCHEN, NORDSEEKRABBE, DILL

MITTAGESSEN

ZUTATEN FÜR 1 TELLER | 10 MIN

3 Radieschen	
1 EL Dill, frisch	
160 g Good Eggwhites	
3 Prisen Salz	
1 TL Bratöl	
70 g Nordseekrabben	
1 Spritzer Zitrone	

1. Die Radieschen in Scheiben schneiden. Den frischen Dill vom Stängel abzupfen. Good Eggwhites, Salz und die Hälfte des Dills in eine Rührschüssel geben und mit einer Gabel verquirlen.

2. Bratöl in die Pfanne geben, mit einem Backpinsel verteilen und auf hoher Stufe gut erhitzen. Anschließend die Pfanne auf mittlere Hitze herunterschalten.

3. Die Good-Eggwhites-Masse in die Pfanne gießen und gleichmäßig bis zum Pfannenrand verteilen.

4. Zügig die Krabben und die Hälfte der Radieschenscheiben dazugeben. Alles mit einem Holzschaber 1 – 2 Min. zu einem Rührei schieben (nicht rühren oder wenden!), sodass es stockt, aber nicht am Pfannenboden ansetzt. Das Rührei sollte weiß und nicht gebräunt sein.

5. Das fertige Rührei mit den restlichen Radieschenscheiben, dem Dill und einem Spritzer Zitrone garnieren. Fertig!

WRAP

PUTENBRUST, SALAT, JOGHURT

MITTAGESSEN

ZUTATEN FÜR 1 WRAP | 10 MIN

WRAP:

120 g Good Eggwhites
1 EL Sprudelwasser
1 gehäufter TL Mandelmehl, entölt
1 Prise Salz
1 Prise Cayennepfeffer
1 TL Bratöl

FÜLLUNG:

3 Blatt Kopfsalat
1 EL Naturjoghurt
½ EL Frischkäse, light
1 gestrichener TL Currypulver
1 Prise Salz
1 Prise Pfeffer, schwarz
2 Scheiben Putenbrust
1 Scheibe Grünländer Käse

WRAP:

1. Good Eggwhites, Sprudelwasser, Mandelmehl, 1 Prise Salz und Cayennepfeffer in einer Rührschüssel mit einer Gabel verquirlen.

2. Bratöl in eine Pfanne geben, mit einem Backpinsel verteilen und gut erhitzen. Dann auf mittlere Hitze herunterschalten. Good Eggwhites in die Pfanne gießen, gleichmäßig bis zum Pfannenrand verteilen und 2–3 Min. stocken lassen. Mit einem Pfannenwender vorsichtig wenden und eine weitere Minute garen. Das Omelette herausnehmen und kurz abkühlen lassen.

FÜLLUNG:

1. Kopfsalat waschen und alle Zutaten der Füllung (außer Putenbrust und Käse) zu einem Dressing verrühren.

2. Das Omelette mit dem Dressing bestreichen. Den Putenbrust-Aufschnitt, den Käse und die Salatblätter mittig verteilen. Das Ganze zum Wrap rollen und halbieren.

40 GRAMM EIWEISS

Brennwert	270 kcal
Fett	10 g
gesätt. Fettsäuren	3 g
Kohlenhydrate	4 g
Zucker	4 g
Salz	1,12 g

LOW CARB

1 Wrap entspricht 275 g

SNACKS

REVIVE YOUR POWER

CHIPS

PARMESAN, OREGANO

SNACK

VEGGIE

ZUTATEN FÜR 1 SCHÜSSEL | 5 MIN

20 g Parmesan, gerieben
50 g Good Eggwhites
3 Prisen Pfeffer, schwarz
2 Prisen Oregano, getrocknet

1. Den Ofen auf 200 °C Umluft vorheizen.

2. Den Parmesan reiben. Die Good Eggwhites mit allen Zutaten in der Schüssel verrühren. Backpapier glatt auf ein Ofenblech legen und kleine Good-Eggwhites-Kleckse darauf verteilen.

3. Das Blech vorsichtig in den Ofen schieben. Die Ofentür einen kleinen Spalt geöffnet lassen. Für 12 Min. backen.

TIPP: Mit einer Makaron-Backmatte bekommen die Chips eine perfekte runde Form.

12 GRAMM EIWEISS

Kalorien	104 kcal
Fett	6 g
gesätt. Fettsäuren	4 g
Kohlenhydrate	1 g
Zucker	1 g
Salz	0,57 g

LOW CARB

1 Schüssel entspricht 70 g

6 GRAMM EIWEISS

Kalorien	101 kcal
Fett	6 g
gesätt. Fettsäuren	0 g
Kohlenhydrate	5 g
Zucker	5 g
Salz	0,06 g

LOW CARB

1 Muffin entspricht 80 g

MUFFINS

RHABARBER, MANDEL, BANANE

SNACK

VEGGIE

ZUTATEN FÜR 6 MUFFINS | 10 MIN

- 130 g Rhabarber, TK, küchenfertig
- 100 g Good Eggwhites
- 7 g Flohsamenschalen
- 20 g Mandelmus
- 30 g Mandeln, gemahlen
- 70 g Mandelmilch, ungesüßt
- 100 g Banane
- 40 g Mandelmehl, entölt
- 1 gestricher TL Zimt
- 1 TL Kokosblütenzucker
- 1 TL Mandeln, gehackt

1. Ofen auf 175 °C Ober-/Unterhitze vorheizen, Rhabarber auftauen und ein Muffinblech einfetten.

2. Alle Zutaten (außer dem Kokosblütenzucker und den gehackten Mandeln) miteinander verrühren und in die Förmchen füllen.

3. Die Muffins mit Kokosblütenzucker und Mandeln bestreuen und für 30–35 Min. backen.

FRUCHTGUMMI

CRANBERRY

SNACK

VEGGIE

ZUTATEN FÜR 30 FRUCHT-GUMMIS | 10 MIN

100 g Cranberry Muttersaft
15 g Fischgelatine
30 g Kokosblütenzucker
100 g Good Eggwhites

1. Den Saft mit der Gelatine und dem Zucker in einem kleinen Topf verrühren und 2 Min. quellen lassen.

2. Auf mittlerer Hitze erwärmen und rühren, bis sich der Zucker aufgelöst hat. Vom Herd nehmen und abkühlen lassen.

3. Good Eggwhites einrühren, alles in Jelly-Förmchen füllen und über Nacht im Kühlschrank kalt werden lassen.

1 GRAMM EIWEISS

Kalorien	9 kcal
Fett	0 g
gesätt. Fettsäuren	0 g
Kohlenhydrate	1 g
Zucker	1 g
Salz	0,01 g

LOW CARB

1 Fruchtgummi entspricht 10 g

6 GRAMM EIWEISS

Kalorien	103 kcal
Fett	6 g
gesätt. Fettsäuren	1 g
Kohlenhydrate	6 g
Zucker	2 g
Salz	0,30 g

LOW CARB

1 Scheibe entspricht 40 g

HERO-REZEPT

BROT

CHIA, MANDEL, HAFERFLOCKEN

SNACK

VEGGIE

ZUTATEN FÜR 1 BROT | 8 MIN

- 35 g Mandeln
- 20 g Chiasamen
- 35 g Leinsamen
- 70 g Sonnenblumenkerne
- 35 g Haselnüsse
- 150 g Haferflocken, zart
- 1 gestrichener TL Salz
- 18 g Flohsamenschalen
- 350 g Good Eggwhites
- 1 EL Reissirup
- 3 TL Leinöl

1. Zuerst alle trockenen Zutaten abwiegen und in der Schüssel gut verrühren, dann die feuchten Zutaten hinzufügen und alles vermengen, in die Kastenform füllen und 2 Stunden quellen lassen.

2. Den Ofen auf 180 °C Ober-/Unterhitze vorheizen. Das Brot auf der mittleren Schiene für 20 Min. backen. Aus der Form stürzen und weitere 20 Min. zu Ende backen. Fertig!

CHIPS

BAISER CRACKER

SNACK

VEGGIE

ZUTATEN FÜR 1 SCHÜSSEL | 5 MIN

70 g Good Eggwhites

20 g Parmesan, gerieben

3 Prisen Pfeffer, schwarz

2 Prisen Thymian, getrocknet

1. Den Ofen auf 120 °C Umluft vorheizen.

2. Die Good Eggwhites sehr steif schlagen. Den Parmesan reiben und mit den Gewürzen unter den Eischnee heben. Backpapier auf ein Blech legen und mit zwei Löffeln kleine Kleckse auf das Backpapier geben.

TIPP: Besonders schön und gleichmäßig werden die Cracker, wenn man sie mit einer Spritztülle auf das Backpapier spritzt.

3. Für 40 Min. bei leicht geöffneter Ofentür backen. Fertig!

14 GRAMM EIWEISS

Kalorien	114 kcal
Fett	6 g
gesätt. Fettsäuren	4 g
Kohlenhydrate	1 g
Zucker	1 g
Salz	0,62 g

LOW CARB

1 Schüssel entspricht 90 g

17 GRAMM EIWEISS

Kalorien	258 kcal
Fett	16 g
gesätt. Fettsäuren	14 g
Kohlenhydrate	5 g
Zucker	4 g
Salz	0,36 g

LOW CARB

1 Shake entspricht 280 g

SHAKE

VANILLE, KOKOS

SNACK

VEGGIE

ZUTATEN FÜR 1 SHAKE | 5 MIN

½ Vanilleschote

125 g Good Eggwhites

1 gestrichener EL Kokosmus

20 g Kokos, geraspelt

125 g Reis-Kokos-Drink

Vanilleschote auskratzen, mit allen Zutaten in den Mixer geben und gut durchmixen!

CHIPS

HARZER KÄSE

SNACK

VEGGIE

ZUTATEN FÜR 1 SCHÜSSEL | 7 MIN

40 g Good Eggwhites
2 Prisen Paprikapulver
3 Prisen Pfeffer, schwarz
60 g Harzer Käse

1. Den Ofen auf 200 °C Umluft vorheizen.
2. Good Eggwhites mit Paprikapulver und Pfeffer in der Schüssel verrühren. Den Harzer Käse in sehr feine Scheiben schneiden, zum Good Eggwhites geben und alles vorsichtig vermengen.
3. Die Scheiben auf ein mit Backpapier ausgelegtes Blech legen und die übrige Good-Eggwhites-Masse mit einem Löffel auf die Käsescheiben geben.
4. Das Blech vorsichtig in den Ofen schieben und die Ofentür einen Spalt geöffnet lassen. Für 12–15 Min. backen.
5. Nach dem Backen sofort mit einem großen Messer in Rauten schneiden und abkühlen lassen.

22 GRAMM EIWEISS

Brennwert	99 kcal
Fett	0 g
gesätt. Fettsäuren	0 g
Kohlenhydrate	0 g
Zucker	0 g
Salz	1,31 g

NO CARB

1 Schüssel entspricht 100 g

3 GRAMM **EIWEISS**

Kalorien	56 kcal
Fett	0 g
gesätt. Fettsäuren	0 g
Kohlenhydrate	10 g
Zucker	10 g
Salz	0,10 g

GOOD CARB

1 Glas entspricht 250 g

BOWLE

GURKE, MELONE, MINZE

SNACK

VEGGIE

ZUTATEN FÜR 1 KARAFFE | 20 MIN

100 g Salatgurke
½ Wassermelone
10 Eiswürfel
20 ml Limettensaft, frisch
1 TL Kokosblütenzucker
4 Minzblätter, frisch
100 g Good Eggwhites
300 g Sprudelwasser

1. Salatgurke schälen und mit der Wassermelone pürieren.

2. Eiswürfel in eine Karaffe füllen und mit dem Wassermelonen-Gurken-Püree füllen. Limettensaft und Kokosblütenzucker hinzugeben.

3. Minzblätter waschen und hineingeben und das Glas mit Good Eggwhites und Mineralwasser aufgießen.

4. In Gläser füllen und servieren.

ABEND ESSEN

PREPARE FOR SLEEP

OMELETTE

SPINAT, RICOTTA

ABENDESSEN

VEGGIE

ZUTATEN FÜR 1 OMELETTE | 20 MIN

100 g Spinat, frisch
40 g Ricotta
240 g Good Eggwhites
1 EL Sprudelwasser
Salz nach Wunsch
1 TL Bratöl
2 Prisen Pfeffer, schwarz
Pfeffer aus der Mühle

1. Den Ofen auf 180 °C vorheizen.

2. Den Spinat gründlich waschen und Ricotta in Stücke schneiden. Good Eggwhites, Sprudelwasser und Salz in einer Rührschüssel mit einer Gabel verquirlen.

3. Bratöl in die Pfanne geben, mit einem Backpinsel verteilen und gut erhitzen. Den tropfnassen Spinat in die Pfanne geben, salzen und pfeffern und auf hoher Stufe circa 3–4 Min. zusammenfallen lassen. Eventuell etwas Wasser nachgießen.

4. Die Herdplatte auf mittlere Hitze herunterschalten. Good Eggwhites in die Pfanne gießen und gleichmäßig bis zum Pfannenrand verteilen. 7–8 Min. stocken lassen und eventuell entstehende Luftblasen mit einer Gabel aufstechen.

HINWEIS: Die Oberfläche des Omelettes wird erst beim nächsten Schritt im Ofengrill schön fest und braun.

5. Die Pfanne mit dem Omelette auf die obere Schiene in den Ofen stellen und etwa 3–4 Min. garen. Die Oberfläche soll schön kross und braun sein. Die Pfanne aus dem Ofen nehmen.

6. Das Omelette mit einem Pfannenwender herausnehmen und mit frisch gemahlenem Pfeffer bestreuen. Kurz ruhen lassen und zum Schluss mit Ricotta belegen.

34 GRAMM EIWEISS

Brennwert	215 kcal
Fett	6 g
gesätt. Fettsäuren	2 g
Kohlenhydrate	4 g
Zucker	4 g
Salz	0,91 g

LOW CARB

1 Omelette entspricht 400 g

22 GRAMM EIWEISS

Brennwert	200 kcal
Fett	3 g
gesätt. Fettsäuren	1 g
Kohlenhydrate	20 g
Zucker	4 g
Salz	0,85 g

LOW CARB

1 Stück entspricht 200 g

QUICHE

LACHS, DILL, ERBSE

ABENDESSEN

ZUTATEN FÜR 1 QUICHE | 20 MIN

FÜLLUNG:

- 300 g Frischkäse (0,2 % Fett)
- 400 g Good Eggwhites
- ½ TL Salz
- 1 TL Pfeffer, schwarz
- 2 Stängel Dill, frisch
- 1 TL Wasabi (aus der Tube)
- 1 Stange Lauch
- 350 g Erbsen, TK
- 150 g Wildlachs, geräuchert

TEIG:

- 150 g Dinkelvollkornmehl
- 80 g Good Eggwhites
- 5 g Backpulver
- 1 EL Olivenöl
- 2 Prisen Salz

FÜLLUNG:

1. Den Frischkäse, Good Eggwhites, Salz, Pfeffer, den klein gehackten Dill und den Wasabi in einer Schüssel mit einem Schneebesen gut verquirlen.

2. Lauch putzen und in Scheiben schneiden.

TEIG UND FERTIGSTELLUNG:

1. Dinkelvollkornmehl, Good Eggwhites, Backpulver, Öl und Salz verkneten. Die Arbeitsfläche und den Teig mit etwas Mehl bestreuen.

2. Den Teig auf der Arbeitsfläche ausrollen, bis er auf jeder Seite circa 3 cm größer ist als die Springform.

3. Den Ofen auf 220 °C Ober-/Unterhitze vorheizen. Den Boden der Springform mit Backpapier auslegen und erst danach den Ring aufspannen. Den Teig in die Form legen, und den Rand leicht an der Springform festdrücken.

4. Zwei Drittel des Belags (Lauch, Erbsen und Lachs) in die Form schichten, Good-Eggwhites-Füllung hinzugeben und das restliche Drittel des Belags auf der Quiche verteilen.

5. Die Quiche für etwa 55 Min. backen (am Ende eventuell mit Alufolie abdecken).

PIZZA

THUNFISCH, SÜSSKARTOFFEL

ABENDESSEN

ZUTATEN FÜR 1 PIZZA | 30 MIN

TEIG:

220 g Thunfisch (aus der Dose)
50 g Magerquark
70 g Good Eggwhites
½ TL Oregano, getrocknet
½ TL Basilikum, getrocknet
3 Prisen Salz
½ TL Pfeffer, schwarz

BELAG:

100 g Ziegenfrischkäse
20 g Parmesan, gerieben
20 g Süßkartoffeln
2 TL Knoblauchöl

TEIG:

1. Backofen auf 175 °C Ober-/Unterhitze vorheizen.

2. Thunfisch gut abgießen und mit Quark, Good Eggwhites, Oregano, Basilikum, Salz und Pfeffer zu einer Masse verarbeiten.

3. Die Masse auf ein Backpapier geben, zu einer runden Pizza formen und platt drücken.

4. Den Boden für etwa 20 Min. im Ofen vorbacken (er sollte fest und so trocken sein, dass man ihn anfassen kann).

BELAG:

1. Ziegenfrischkäse auf den Pizzaboden streichen. Parmesan reiben und drüberstreuen.

2. Süßkartoffeln schälen und in dünne Scheiben schneiden. Auf den Ziegenkäse legen, mit Knoblauchöl beträufeln und für weitere 15 Min. in den Ofen geben. Für den letzten „Schliff" auf 200 °C erhöhen.

84 GRAMM
EIWEISS

Kalorien	563 kcal
Fett	18 g
gesätt. Fettsäuren	9 g
Kohlenhydrate	13 g
Zucker	8 g
Salz	3,06 g

LOW CARB

1 Pizza entspricht 490 g

55 GRAMM EIWEISS

Kalorien	365 kcal
Fett	9 g
gesätt. Fettsäuren	5 g
Kohlenhydrate	13 g
Zucker	12 g
Salz	2,11 g

LOW CARB

1 Teller entspricht 660 g

LASAGNE

ZUCCHINI, RUCOLA, SCHINKEN

ABENDESSEN

ZUTATEN FÜR 1 LASAGNE | 15 MIN

- 500 g Zucchini
- 75 g Rucola
- 1 Knoblauchzehe
- ½ Chilischote, gelb
- 1 Paprika, rot
- 100 g Ricotta
- 200 g Schinken, mager
- 1 TL Kräuter der Provence
- ½ TL Pfeffer, schwarz
- ½ TL Salz
- 250 g Good Eggwhites
- 30 g Parmesan, gerieben

1. Ofen auf 200 °C Umluft vorheizen.
2. Zucchini waschen und längs in feine Scheiben schneiden. Rucola waschen, trocknen und hacken, Knoblauch schälen und fein hacken.
3. Chili und Paprika waschen und in feine Ringe schneiden.
4. Kleine Auflaufform mit Backpapier auslegen und nach folgender Angabe schichten: abwechselnd Zucchini, Paprika, Knoblauch und Chili, Rucola und Ricotta (in Stücken) und Schinken. Gewürze pro Schicht nach Belieben drüberstreuen.
5. Mit Good Eggwhites bis etwa 1 cm unter den Rand auffüllen und mit Parmesan bestreuen.
6. Etwa 30 Min. backen, bis die Good-Eggwhites-Masse gestockt ist.

BURGER

RIND, TOMATE, RUCOLA

ABENDESSEN

ZUTATEN FÜR 2 BURGER | 15 MIN

DIP:

- 2 Stängel Basilikum, frisch
- 40 g Avocado, zerdrückt
- 2 TL Senf, mittelscharf
- 2 TL Tomatenmark
- 160 g Frischkäse (0,2 % Fett)

BULETTEN:

- 50 g Good Eggwhites
- 300 g Rinderhack (mager)
- ½ TL Pfeffer, schwarz
- 4 Prisen Salz

BELAG:

- ½ Zwiebel
- 30 g Rucola
- 2 Scheiben Tomate
- 4 Scheiben Käse

BRÖTCHEN:

2 Burger-Brötchen nach dem Rezept „Körner Oopsie" (siehe Seite 46) herstellen. Teig formen und nach Rezeptanweisung backen.

DIP:

1. Basilikum waschen, trocknen und klein hacken.
2. Alle Zutaten miteinander vermengen.

BULETTEN:

Alle Zutaten verkneten und 2 Kugeln formen. Etwas platt drücken und in der Pfanne von beiden Seiten scharf anbraten. Hitze runterstellen und durchgaren.

BELAG:

1. Die untere Brötchenhälfte mit dem Dip bestreichen. Die Bulette und die in Ringe geschnittenen Zwiebeln auf die untere Brötchenhälfte legen.

2. Mit gewaschenen Rucolablättern, Tomatenscheiben und Käse belegen und mit der zweiten Brötchenhälfte bedecken.

68 GRAMM EIWEISS

Kalorien	519 kcal
Fett	23 g
gesätt. Fettsäuren	11 g
Kohlenhydrate	7 g
Zucker	6 g
Salz	2,44 g

LOW CARB

1 Burger entspricht 425 g

HERO-REZEPT

27 GRAMM EIWEISS

Kalorien	409 kcal
Fett	22 g
gesätt. Fettsäuren	8 g
Kohlenhydrate	22 g
Zucker	19 g
Salz	1,17 g

LOW CARB

1 Teller entspricht 450 g

PASTA

RUCOLA, WALNUSS, KAROTTE

ABENDESSEN

VEGGIE

ZUTATEN FÜR
FÜR 2 TELLER | 15 MIN

- 125 g Rucola
- ½ Zitrone
- 1 Knoblauchzehe
- 60 g Parmesan, gerieben
- 150 g Good Eggwhites
- 20 g Chiamehl, entölt
- 10 g Sauerkirschen, getrocknet
- 30 g Walnüsse
- 3 Prisen Salz
- 1 Msp. Cayennepfeffer
- 1 gestrichener TL Pfeffer, schwarz
- 1 TL Walnussöl
- 450 g Möhren

1. Rucola waschen und gut abtropfen lassen. ½ Zitrone auspressen. Knoblauch schälen und grob hacken.
2. Parmesan reiben und alle Zutaten (außer Wasser und Möhren) in den Mixer geben.
3. Möhren schälen und mit einem Spiralschneider zu Spaghetti drehen. 50 ml Wasser in einer Pfanne bei mittlerer Hitze erhitzen, und die Spaghetti für ca. 3 Min. abgedeckt garen lassen.
4. Pesto über die Möhrennudeln geben und gut umrühren.

PIZZA

GORGONZOLA, BIRNE, WALNUSS

ABENDESSEN

VEGGIE

ZUTATEN FÜR 1 BLECH | 15 MIN

TEIG:

- 50 g Lupinenmehl
- 100 g Leinsamenmehl, Gold
- 15 g Flohsamenschalen
- 4 g Backpulver
- 3 g Salz
- 250 g Good Eggwhites

BELAG:

- 1 kleine Birne
- 150 g Frischkäse (0,2 % Fett)
- 60 g Gorgonzola
- 30 g Walnüsse
- 1 EL Reissirup
- 3 Prisen Pfeffer, schwarz
- 1 Stängel Thymian, frisch

TEIG:

1. Ofen auf 220 °C Ober-/Unterhitze vorheizen.
2. Die Mehlsorten mit Flohsamenschalen, Backpulver und Salz mischen. Good Eggwhites dazugeben und alles verkneten.
3. Backpapier aufs Blech geben, aus dem Teig kleine Kugeln formen und platt drücken.
4. Für 8–10 Min. auf unterster Schiene vorbacken.

BELAG:

1. Birne waschen, entkernen und in feine Scheiben schneiden.
2. Pizzen aus dem Ofen holen und mit Frischkäse bestreichen.
3. Birnenscheiben, Gorgonzola, Walnüsse, Reissirup, Pfeffer und Thymianblättchen darauf verteilen und weitere 10 Min. backen.

64 GRAMM **EIWEISS**

Kalorien	669 kcal
Fett	28 g
gesätt. Fettsäuren	8 g
Kohlenhydrate	18 g
Zucker	15 g
Salz	3,44 g

LOW CARB

1 Portion entspricht 400 g

32 GRAMM EIWEISS

Kalorien	387 kcal
Fett	20 g
gesätt. Fettsäuren	8 g
Kohlenhydrate	19 g
Zucker	17 g
Salz	1,29 g

LOW CARB

1 Teller entspricht 460 g

PASTA

RADIESCHENGRÜN, KÜRBISKERN, ROTE BETE

ABENDESSEN

VEGGIE

ZUTATEN FÜR 2 TELLER | 15 MIN

PASTA:

- 450 g Rote Bete, frisch

SOSSE:

- 140 g Radieschengrün
- 1 Knoblauchzehe
- 60 g Parmesan, gerieben
- 150 g Good Eggwhites
- 1 TL Kürbiskernöl
- 15 g Zitronensaft
- 30 g Kürbiskerne
- 25 g Mandelmehl, entölt
- 1 gestrichener TL Pfeffer, schwarz
- 3 Prisen Salz

PASTA:

Die Rote Bete schälen und mit dem Spiralschneider zu Spaghetti drehen.

SOSSE UND FERTIGSTELLUNG:

1. Das Radieschengrün gründlich waschen und gut abtropfen lassen.
2. Den Knoblauch grob hacken und den Parmesan reiben.
3. Alle Zutaten für die Soße in den Mixer geben und zerkleinern.
4. 50 ml Wasser in die Pfanne füllen und die Spaghetti bei mittlerer Hitze abgedeckt etwa 3–5 Min. garen.
5. Alles mischen und servieren.

GEFÜLLTES GEMÜSE

SPITZPAPRIKA, SERRANOSCHINKEN, ROSMARIN

ABENDESSEN

ZUTATEN FÜR 1 TELLER | 10 MIN

- 2 Spitzpaprika, rot
- 30 g Lauch
- 8 Scheiben Serrano-Schinken
- 2 Prisen Salz
- 4 Prisen Pfeffer, schwarz
- 150 g Good Eggwhites
- 10 g Parmesan, gerieben
- 3 Knoblauchzehen
- 4 Stängel Rosmarin, frisch
- 20 g Light-Käse, gerieben

1. Den Ofen auf 200 °C Umluft vorheizen. Von der Paprika seitlich einen Deckel abschneiden. Die Kerne und das weiße Innere entfernen, ohne Löcher in die Paprika zu schneiden. Den Lauch in sehr feine Ringe schneiden, den Paprika-Deckel fein würfeln.

2. Je eine Scheibe des Schinkens tief in die Paprika schieben, drei Scheiben so um die Öffnung legen, dass die Hälfte über den Rand der Paprika hängt.

3. Das Gemüse mit Salz und Pfeffer würzen, vermengen und in die Paprika geben. Die Paprika in eine mit Backpapier ausgelegte Ofenform legen und mit Good Eggwhites auffüllen. Den Parmesan reiben und über die Paprika streuen.

4. Den Knoblauch in der Schale zerdrücken und mit Rosmarin in die Form legen.

5. Die Auflaufform vorsichtig in den Ofen stellen und die Paprika für 20 Min. garen.

6. Nun den geriebenen Käse über die Füllung streuen und weitere 10 Min. backen, bis der Käse gold-gelb ist.

37 GRAMM EIWEISS

Kalorien	277 kcal
Fett	8 g
gesätt. Fettsäuren	4 g
Kohlenhydrate	14 g
Zucker	11 g
Salz	3,51 g

LOW CARB

1 Teller entspricht 510 g

SÜSSIG
KEITEN

REWARD YOURSELF

EIS

MANDEL, HIMBEERE, ZITRONE

SÜSSIGKEITEN

VEGGIE

ZUTATEN FÜR 6 ICECUPS | 15 MIN

BODEN:

- 80 g Mandeln, gehackt
- 2 EL Kokosöl
- 2 TL Kokosblütenzucker
- 1 Msp. Vanille, gemahlen

CRÈME UND TOPPING:

- 50 g Good Eggwhites
- 1 Prise Salz
- ½ Biozitrone
- 20 g Inulin
- 100 g griechischer Joghurt
- 30 g Reissirup
- 80 g Himbeeren, frisch

BODEN:

1. Ein Muffinblech mit 6 Papierförmchen auslegen.
2. Mandeln, Kokosöl, Kokosblütenzucker und Vanille vermengen und fest in die Förmchen drücken.

CRÈME UND TOPPING:

1. Good Eggwhites mit Salz steif schlagen, dann das Rührgerät eine Stufe runterstellen, und in der Zwischenzeit die Zitronenschalen abreiben.
2. Nacheinander Inulin, griechischen Joghurt, Zitronenabrieb und Reissirup zum Eischnee geben, untermischen und in die Förmchen füllen.
3. Gewaschene und gut abgetropfte Himbeeren darauf verteilen. Über Nacht ins Gefrierfach geben.

6 GRAMM EIWEISS

Kalorien	135 kcal
Fett	9 g
gesätt. Fettsäuren	3 g
Kohlenhydrate	6 g
Zucker	6 g
Salz	0,06 g

LOW CARB

1 Icecup entspricht 60 g

3 GRAMM EIWEISS

Kalorien	80 kcal
Fett	5 g
gesätt. Fettsäuren	1 g
Kohlenhydrate	5 g
Zucker	4 g
Salz	0,04 g

GOOD CARB

1 Stück entspricht 40 g

EIS

SCHOKOLADE, KOKOS

SÜSSIGKEITEN

VEGGIE

ZUTATEN FÜR 16 EISPRALINEN | 10 MIN

- 50 g Good Eggwhites
- 15 g Kakao, schwach entölt
- 15 g Reissirup
- 20 g Inulin
- 100 g Coco Cuisine
- 1 TL Kakaonibs
- 10 g Schokolade, 85 % Kakaoanteil

1. Alle Zutaten außer den Kakaonibs und der Schokolade mit dem Pürierstab kurz pürieren.

2. Masse in Eiswürfelformen füllen und mit Kakaonibs bestreuen. Im Gefrierfach hart werden lassen.

3. Schokolade im Wasserbad schmelzen und über die gefrorenen Bonbons geben.

TIRAMISU

SCHOKO-TIRAMISU

SÜSSIGKEITEN

VEGGIE

ZUTATEN FÜR 6 STÜCKE | 25 MIN

BODEN:

150 g Good Eggwhites
1 Prise Salz
30 g Kokosblütenzucker
100 g Mandeln, gemahlen
1 Tasse Espresso

CRÈME:

300 g Magerquark
80 g Mascarpone
40 g Reissirup
2 Msp. Vanille, gemahlen
10 g Sofort-Gelatine
100 g Good Eggwhites
1 Prise Salz
10 g Kakao

BODEN:

1. Ofen auf 150 °C Umluft vorheizen.
2. Good Eggwhites mit Salz steif schlagen und den Kokosblütenzucker langsam dazugeben. Mandeln unterheben.
3. Backpapier aufs Backblech geben und die Masse darauf verstreichen (etwa 0,7 cm dick). 20 Min. backen, danach umdrehen und das Backpapier abziehen.

CRÈME UND FERTIGSTELLUNG:

1. Quark, Mascarpone, Reissirup, Vanille und Gelatine 1 Min. verrühren.
2. Good Eggwhites mit dem Salz steif schlagen und unter die Quarkcrème heben.
3. In einer Form zweimal folgende Schichtung vornehmen: Boden auflegen, mit Espresso beträufeln, Quarkmasse aufstreichen.
4. Für 3 Stunden kalt stellen. Vor dem Verzehr Kakao durch ein Sieb auf das Tiramisu streuen.

18 GRAMM EIWEISS

Kalorien	252 kcal
Fett	14 g
gesätt. Fettsäuren	4 g
Kohlenhydrate	13 g
Zucker	12 g
Salz	0,22 g

LOW CARB

1 Stück entspricht 140 g

HERO-REZEPT

CHEAT-DAY
Rezept

21 GRAMM EIWEISS

Brennwert	175 kcal
Fett	3 g
gesätt. Fettsäuren	0 g
Kohlenhydrate	14 g
Zucker	14 g
Salz	0,73 g

LOW CARB

1 Shake entspricht 430 g

SHAKE

GOLDENE MILCH

SÜSSIGKEITEN

VEGGIE

ZUTATEN FÜR 1 SHAKE | 8 MIN

- 2 Pfefferkörner
- 6 Kardamomsamen
- ½ Zitrone
- 3 Scheiben Ingwer
- ½ gestrichener TL Zimt
- ½ gestrichener TL Kurkuma
- 1 TL Reissirup
- 150 g Mandelmilch, ungesüßt
- 70 g Milch (fettarm)
- 150 g Good Eggwhites

1. Pfefferkörner und Kardamom im Mörser zerstoßen.
2. Die halbe Zitrone auspressen.
3. Zitrone, Ingwerscheiben, alle Gewürze (auch Kardamom und Pfeffer), den Sirup und die Mandelmilch in einem Topf auf niedriger Stufe für 3 Min. erhitzen. Anschließend die Gewürzmilch vom Herd nehmen und 2 Min. ziehen lassen.
4. In der Zwischenzeit die Kuhmilch aufschäumen und in ein Glas geben. Mit dem Schneebesen das Good Eggwhites in die Gewürzmilch einrühren, den Ingwer aussieben und die Gewürzmilch langsam auf den Milchschaum gießen.

CRÈME

BAYERISCHE CRÈME

SÜSSIGKEITEN

VEGGIE

ZUTATEN FÜR 4 GLÄSER | 25 MIN

CRÈME:

3 Blatt Gelatine
300 g Reis-Kokos-Drink
50 g Kokosmilch
1 Vanilleschote
1 gestrichener TL Pfeilwurzelstärke
1 EL Wasser
70 g Cashewkerne
150 g Good Eggwhites
10 g Inulin
15 g Reissirup
1 Prise Salz

TOPPING:

½ Biolimette
100 g Himbeeren, frisch
1 Dattel

CRÈME:

1. Gelatine in Wasser einweichen.
2. Reis-Kokos-Drink, Kokosmilch und das ausgekratzte Vanillemark in einen Topf geben.
3. Pfeilwurzelstärke mit 1 EL Wasser verrühren, zur Kokosmasse geben und aufkochen. Hitze reduzieren und Gelatine unterrühren, bis sie sich aufgelöst hat. Anschließend abkühlen lassen.
4. Cashewkerne, 100 g Good Eggwhites, Inulin und Reissirup pürieren, die Kokosmasse dazugeben und noch mal sehr fein pürieren.
5. 50 g Good Eggwhites mit Salz steif schlagen, die Maschine auf niedrigste Stufe stellen und das Püree langsam dazugeben, in Gläser füllen und für 5 Stunden kalt stellen.

TOPPING:

1. Limettenschalen abreiben. Gewaschene Himbeeren mit Limettenschale und Dattel pürieren und auf die Crème geben.

CHEAT-DAY
Rezept

10 GRAMM
EIWEISS

Kalorien	173 kcal
Fett	9 g
gesätt. Fettsäuren	2 g
Kohlenhydrate	12 g
Zucker	8 g
Salz	0,15 g

GOOD
CARB

1 Glas
entspricht
180 g

REGISTER

HIER FINDEST DU ALLE REZEPTE
NACH TYP

HIER FINDEST DU ALLE REZEPTE
NACH HAUPTZUTATEN

A

B

C

D/E

F/G

H

J/K

L/M/N

REGISTER

HIER FINDEST DU ALLE REZEPTE
NACH HAUPTZUTATEN

DER AUTOR DES KONZEPTS

Jan Göktekin
ist Diplom-Kaufmann und Gründer der Pumperlgsund GmbH aus München. Mit Good Eggwhites und der Buchserie EIWEISS möchten er und sein Gründungspartner Fabian König die Vorteile einer natürlichen und eiweißreichen Ernährung aufzeigen. Dazu gründeten sie 2015 die Pumperlgsund GmbH, die sich auf Eiweiß-Produkte spezialisiert und als Verlag Themen zur gesunden Ernährung publiziert.

2016 erschien das erste Buch Volle Pulle EIWEISS, Anfang 2017 die überarbeitete 2. Auflage Das EIWEISS Kochbuch.

Im Herbst 2017 erschien die EIWEISS-Serie mit den 3 Büchern:
EIWEISS – Das gesunde Ernährungskonzept
EIWEISS – Das gesunde Abnehmkonzept
EIWEISS – Das gesunde Fitnesskonzept

IMPRESSUM

Bibliografische Information der Deutschen Nationalbibliothek

Die Deutsche Nationalbibliothek verzeichnet diese Publikation in der Deutschen Nationalbibliografie.
Detaillierte bibliografische Daten sind im Internet über http://d-nb.de abrufbar.

Good Eggwhites sind erhältlich unter:
www.pumperlgsund-bio.de

Weitere Informationen findest du unter:
www.pumperlgsund-bio.de
Für Anregungen und Fragen:
abnehmen@pumperlgsund-bio.de

Originalausgabe
1. Auflage 2017
Autor: Jan Göktekin
EIWEISS – Das gesunde Abnehmkonzept

Pumperlgsund GmbH
Hotterstr. 3
80331 München
Deutschland
www.pumperlgsund-bio.de
Tel. +49 89 2154 5097

Fotos: © Sebastian Bahr S. 4, © Julia Schneider S. 5, S. 11–15 und S. 143 © Dr. Karlheinz Zeilberger S. 17, alle weiteren © Viviana D'Angelo

Konzeption: Jan Göktekin, Pumperlgsund
Redaktion Konzept:
Thorsten Dargatz, Jan Göktekin
Redaktion und Entwicklung Rezepte:
Jan Göktekin und Lea Schultis (Pumperlgsund), und mit freundlicher Unterstützung von Kathrin Thys, Anna Lakota und Charlotte Witta
Interviews der Challenge-Teilnehmer:
Dr. phil. Natalie Lauer
Gestaltungskonzept und Layout: kral&kral design
Art-Direktion: Anka Hartmann
Lektorat und Korrektorat: Julia Feldbaum, Anna Fresz, Susanne Langer, Josef K. Pöllath
Projektleitung: Marc Strittmatter, ppp.services
Satz: Cordula Schaaf, Grafik-Design
Produktion: bookwise medienproduktion GmbH
Repro und Litho: Matthias Grießel, grießel grafik und medientechnik
Druck: Polygraf Print spol. s r. o

Printed in: Slowakische Republik (EU)

ISBN: 978-3-98-189690-9